Te Whanake 1

Te Kākano
Pukapuka Tātaki

Study Guide

John C. Moorfield

an imprint of Pearson Education

www.pearsoned.co.nz

Your comments on this book are welcome at
feedback@pearsoned.co.nz

Pearson Education New Zealand Limited
46 Hillside Road, Auckland 10,
New Zealand

Associated companies throughout the world

© Pearson Education New Zealand Limited 2002
First published 2002

ISBN 0 582 54545 5

All rights reserved. No part of this publication may be reproduced, stored in a retrieval system, or transmitted, in any form or by any means, electronic, mechanical, photocopying, recording, or otherwise, without the prior permission of the publisher.

Produced by Pearson Education New Zealand Limited
Printed in Malaysia
Typeset in Helvetica

We use paper from sustainable forestry

Ngā mihi

Kei te mihi atu te kaituhi me te kaitā ki Te Puna Mātauranga o Aotearoa, Te Whanga-nui-a-Tara, Aotearoa mō ngā whakaahua kei te whārangi 38 (F/ 29390 1/2 Freelance Collection), kei te whārangi 52 (85301 1/2) me te whārangi 71 (F- 52262-1/2-); tae atu anō hoki ki a Pauline Whimp mō ngā mapi kei ngā whārangi 31, 61 me 73. He mihi anō hoki ki a Fraser Williamson mō ngā pikitia.

Tēnei te mihi atu ki a Tiraroa Toma o Ngāi Te Rangi me Te Reo Tātaki mō ngā pitopito kōrero o *Waka Huia* i whakaaturia ai e TV One, i te Rātapu, te 11 o Noema i te tau 2001. Kei ngā whārangi 61 me 62 aua kōrero. He mihi anō hoki ki a Piriwhāriki Tahapeehi mō āna kōrero kei te 69 o ngā whārangi. Kua whakaaetia kia tāia anō ana kōrero mai i te pukapuka *Kaumātua: Anō te Ātaahua/Honouring the Gifts of our Elders* – Elizabeth Kerekere (etita) (David Bateman, 2001).

Anei anō te mihi a te kaituhi ki a Tānia Ka'ai rātou ko Te Wharehuia Milroy ko Sue Moorfield mō tā rātou tautāwhi mai kia puta tēnei pukapuka tātaki ki te ao mārama.

I āwhinatia te tānga o ngā whakaahua me ngā mapi e te pūtea Te Whanake o Te Tari Māori o Te Pua Wānanga ki te Ao, Te Whare Wānanga o Waikato.

Acknowledgements

The author and publishers would like to thank Alexander Turnbull Library, National Library of New Zealand, Wellington, New Zealand for the photos on page 38 (F/ 29390 1/2 Freelance Collection), page 52 (85301 1/2) and page 71 (F- 52262-1/2 -); Pauline Whimp for the maps on pages 31, 61 and 73; and Fraser Williamson for the illustrations.

They wish to thank Tiraroa Toma of Ngāi Te Rangi and Television New Zealand for the short extract transcribed from the *Waka Huia* programme shown on TV One on Sunday, 11 November, 2001. That extract is on pages 61 and 62. Further acknowledgement is made to Piriwhāriki Tahapeehi for her account reproduced with permission from **Kaumātua: Anō te Ātaahua**/*Honouring the Gifts of our Elders* edited by Elizabeth Kerekere and published by David Bateman in 2001. That extract is on page 69.

The author wishes to again thank Professor Tānia Ka'ai, Professor Wharehuia Milroy and Sue Moorfield for their support in the completion of this study guide.

The illustrations and maps have been published with the assistance of the Te Whanake Fund of the Department of Māori, School of Māori and Pacific Development, The University of Waikato.

He kōrero mō te kaituhi

He maha ngā tau o John Moorfield BA **(Tāmaki-makau-rau)**, MEd **(Wēra)**, DLitt **(Otāgo)**, RSA/Cambridge CTEFLA e whakaako ana i te reo Māori. Nō te otinga o tana ako i te mahi whakaako i Te Whare Takiura o Tāmaki-makau-rau, e waru tau ia e whakaako ana i ngā taitamariki o ngā kura tuarua o Ngāruawāhia, o Wesley me Tuakau. I nuku ia ki Te Whare Wānanga o Waikato whakaako ai i te reo Māori i te tau 1976, ā, ki Te Tumu o Te Whare Wānanga o Otāgo i te tau 1997. He Ahorangi tana tūranga i reira.

About the author

John Moorfield, BA (Auckland) MEd (Wales), DLitt (Otago), RSA/Cambridge CETFLA, has been a teacher of Māori for many years. On completing his teacher education at Auckland Secondary Teachers' College, he taught in secondary schools for eight years at Ngāruawāhia High School, Wesley College and Tuakau College before moving in 1976 to the University of Waikato to teach Māori, and in 1997 to the School of Māori Studies at the University of Otago, where he is a Professor.

Ngā wehewehenga

	whārangi
He kupu whakataki	v
Te wāhanga tuatahi	1
Te wāhanga tuarua	7
Te wāhanga tuatoru	17
Te wāhanga tuawhā	25
Te wāhanga tuarima	35
Te wāhanga tuaono	41
Te wāhanga tuawhitu	51
Te wāhanga tuawaru	56
Te wāhanga tuaiwa	61
Te wāhanga tekau	67
Ngā whakautu	

He kupu whakataki

Tēnā koe.

Using this study guide

This study guide is designed to accompany **Te Kākano**, the beginner-level text of the **Te Whanake** series. The grammar, vocabulary, reading and writing exercises in each chapter will give you practice in the language that has been introduced and explained in the corresponding chapter of the textbook, as well as building on language learnt in earlier chapters and in class. These exercises have been written to complement those in the textbook and on the audio tapes, so it is a good idea to use all three when studying.

The first stage in the process of learning a structure is to understand how it is used. The second stage involves practising the structure. The grammar exercises in this study guide presume that you understand the grammatical point before you begin the exercise. If you do not, there may be little benefit in attempting the exercise. Therefore, you should read the relevant grammatical explanations in **Te Kākano** before starting the exercise. The page numbers for these are given in the instructions for each exercise. There are also some explanations of grammar points in the study guide itself.

In the first three chapters of this study guide, instructions are given in Māori and English. You should read the Māori first to see whether you can understand some or all of the instruction(s) before reading the English. The Māori instructions will sometimes expose you to language not yet covered in class or in **Te Kākano**. Trying to deduce the meaning of these instructions will help your language development. After Chapter 3 instructions are only in Māori, but where they contain new language there is an English translation provided in the answer section at the back of the book.

Where possible, answers to the exercises are given in the answer section. You should not refer to these until you have completed each exercise. Sometimes you may write responses which may be correct but are different from the model answers. When in doubt about whether or not your response is correct, you should check with your tutor.

Once you have completed an exercise and checked that you have done it correctly, it is a good idea to practise saying the sentences or reading the story aloud.

Learning vocabulary

Learning vocabulary is central to becoming fluent in any language. This study guide includes suggestions on ways to help you do this. Some tasks will focus directly on learning vocabulary, but you will acquire considerably more vocabulary in activities where the focus is on something else, and especially in those activities where you are interested in conveying or receiving messages. While this study guide will be mainly using vocabulary you have already encountered in the textbook and in class, a limited amount of new vocabulary will be introduced and used in exercises designed to develop your skills in deducing meaning from context. Real vocabulary learning comes through using the language, by meeting words in a variety of contexts and by using them to express yourself.

Using words correctly

Being able to use a word correctly is not just about knowing its meaning. You also need to know which shade of meaning is intended in the context in which the word occurs and what other words it is normally associated with. How the word is used in a sentence is also important. For example, in Māori, both **tātahi** and **one** often refer to the beach but each is used quite differently in a sentence. Unless you know how to use these words, and the shades of meanings each word can have, you are likely to use them in ways that native speakers of Māori would find strange or inappropriate.

Some words you will find harder than others to learn and use correctly. For example, there are many words that are now part of Māori that have been borrowed from other languages, especially English. You will probably find it easier to learn these words because of their similarity to English. However, do not assume that these borrowed words have exactly the same meanings as those of the original words in English. For example, **pukapuka** is probably borrowed from the English 'book', but in Māori the word can be used for a wider range of things than the English word: it can be used for letter, examination paper, sheet of paper, document, petition, manuscript, and other items made of paper. It can even be used as a verb, or combined with other words for different meanings, e.g. **kōrero pukapuka** (to read) and **whare pukapuka** (library). Giving translations of Māori words is a quick and easy way of giving meaning, but it has its disadvantages. By having to struggle to understand what a word means you may remember it better once you do know its meaning.

Reading for meaning

Learning to read and write Māori is important in helping you become fluent and literate in the language. Developing your reading and writing skills in Māori will also help develop your listening comprehension and speaking skills. The two main reasons for reading are for pleasure and for finding out information in order to do something else. How we read depends on why we are reading. Sometimes we skim quickly over a text to get the gist of it. At other times we scan quickly through a text to find a particular piece of information. Sometimes we might read a shorter text very carefully to extract specific information. These ways of reading may be used in succession.

There are a number of other skills you also need to develop in reading Māori, including deducing the meaning and use of unfamiliar words; distinguishing the main idea from supporting details; and extracting the important points in summarising. The exercises in this study guide and in the textbooks of the **Te Whanake** series will help develop these and other skills.

Good readers read for meaning; they do not get distracted by individual words. Instead, they take in whole chunks of text, using their knowledge of the subject matter and the language to predict what is likely to follow and to interpret what is meant. Some activities in this study guide will help you develop these skills.

While the exercises for each chapter aim to give reading and writing practice of the new vocabulary, grammar and usage from the relevant chapter in the textbook, they can cover only some of the new language. Practice in class, and use of the tape-recorded exercises are also important, but most essential is your effort to speak Māori with your fellow students and with speakers of the language.

Together, the textbook, the tape-recorded exercises, the reading and writing exercises and explanations in this study guide and the activities you do in class will provide you with a solid grounding in Māori.

Te wāhanga tuatahi

Te mahi 1

> **He whakamārama**
>
> In **Te wahanga tuatahi** of *Te Whanake 1 Te Kākano* you will have encountered the words **taku** (my – one thing), **tō** (your – one thing), **tana** (his/her – one thing). With each of these words only one person is involved in the ownership and only one thing is owned, for example, **tō kurī** (my dog).
>
> When more than one thing is owned the **t** is omitted from these words, i.e. **aku** (my – more than one thing), **ō** (your – more than one thing) and **ana** (his/her – more than one thing). For example: **ō hoa** (your friends).
>
> The following exercise practises the use of these words.

Tuhia ngā kupu e tika ana mō ngā mea e ngaro ana i ēnei kōrerorero.
Fill in the words missing from this dialogue.

Ko Tiki:	Tēnā koe, e hine.
Ko Hana:	Tēnā koe, e hoa.
Ko Tiki:	Kei te pēhea koe?
Ko Hana:	Ka nui te pai.
Ko Tiki:	Ko Tiki _____ ingoa. Ko wai _____ ingoa?
Ko Hana:	Ko Hana _____ ingoa. Ko wai _____ ingoa whānau?
Ko Tiki:	Ko Hoani Mākarini _____ matua. Ko ia te tumuaki o taku kura. Ko wai mā _____ mātua, e Hana?
Ko Hana:	Ko Māta rāua ko Eruera Manihera _____ mātua. Nō Ngāti Maniapoto rāua. Ko wai te ingoa o _____ hoa?
Ko Tiki:	Ko Mākere _____ ingoa. Nō Ngāti Tūwharetoa _____ whānau. Kei Te Whanganui-a-Tara _____ kāinga ināianei. Tokorua _____ tungāne. Kei hea _____ kāinga, e Hana?
Ko Hana:	Kei Ōtepoti _____ kāinga ināianei. Nō hea koe, e Tiki?
Ko Tiki:	Nō Te Whānau-a-Apanui _____ whaea, nō Te Whakatōhea _____ matua. E Hana, tokohia _____ tungāne?
Ko Hana:	Kāore aku tungāne, engari, tokotoru _____ tuākana, kotahi _____ teina.

Te mahi 2

He whakamārama

In the first chapter of **Te Kākano** you have begun using terms for family relationships (p. 3). You will have begun to learn that sometimes you should use **a** for 'of', or for possession, while at other times **o** is used, e.g. **te whaea o Mere** (the mother of Mere/Mere's mother) but **te mokopuna a Mere** (the grandchild of Mere/Mere's grandchild). To help you learn when **a** or **o** (and other pairs of words for possession) is correct, specific aspects will be introduced gradually in the course.

Whether **a** or **o** is used depends on the relationship between the possessor and the thing or person who is 'owned'. In the first example above, Mere is the possessor and it is the mother who is 'owned'. With family relationships and kinship terms for the same generation or the generations above, **o** is used. Also included in this group are the words **hoa** (friend, companion, mate), **whanaunga** (relative, relation) and **uri** (descendant, relation, offspring). Note also that **o** is used with **teina/taina** (younger sister of a female; younger brother of a male), e.g. **te teina o Mere** (Mere's younger sister).

By contrast, the family relationships and kinship terms for generations below the possessor take **a**, e.g. **ngā mokopuna a Mere** (Mere's grandchildren). Also in this group are the words **wahine** (wife), **tāne** (husband) and **whaiāipo** (lover, sweetheart, betrothed), e.g. **te tāne a Mere** (Mere's husband).

Sometimes, whether **a** or **o** is used depends on what is being referred to. For example, **te whānau a Mere** (Mere's family) refers to the children and grandchildren of whom she is the mother or grandmother, but **te whānau o Mere** (Mere's family) refers to all the people of her extended family, including her parents, uncles and aunties and grandparents.

The following exercise and some of the tape-recorded exercises for this chapter will give you practice in the use of **a** and **o** with kinship terms.

Tuhia ngā kupu e tika ana mō ngā mea e ngaro ana.
Fill in the missing words.

Tokorima ngā tamariki ___ Eruera. Ko Eruera te tāne ___ Maraea. Nō Tāmaki-makau-rau rāua, nō Ngāti Whātua. Tokorua ngā tēina ___ Maraea, kotahi tana tuakana. Ko Maihi te hoa ___ Eruera. Tokomaha ngā uri ___ Maraea rāua ko Eruera. Ko Tīwai te mātāmua o te whānau ___ Maraea rāua ko Eruera. He tāne ia. Ko Peti te wahine ___ Tīwai. Nō reira, ko Peti te hunaonga ___ Maraea rāua ko Eruera. Ko Timi mā ngā tēina ___ Tīwai. Kotahi te tuahine ___ Timi rātou ko Tīwai mā. Tokowhā ngā tamariki ___ Peti rāua ko Tīwai. Nō reira, ko Maraea rāua ko Eruera ngā tūpuna ___ ngā tamariki ___ Peti rāua ko Tīwai.

Te mahi 3

Tuhia he reta poto ki tētahi akonga o tō karaehe mō tō whānau me tō hoa. Tīmataria tō reta ki tētahi mihi. Whakamutua tō reta ki ngā kupu 'Nāku noa, nā . . . (tō ingoa). Kia oti tō reta, me hoatu ki te akonga. Anei ētahi pātai hei ārahi i a koe:
Write a short letter to another student in your class about your family and friends. Begin your letter with a greeting and end it by signing off with 'Nāku noa, nā . . . (your name)'. When you have finished your letter you should give it to the student. Here are some questions to guide you:

Ko wai tō ingoa?	Nō hea koe?
Kei hea tō kāinga ināianei?	Ko wai mā ō mātua?
Tokohia ō tēina?	Ko wai ngā ingoa o ō tēina?
Tokohia ō tuākana?	Ko wai ngā ingoa o ō tuākana?
Tokohia ō tuāhine/tungāne?	Ko wai ngā ingoa o ō tuāhine/tungāne?
Ko wai te ingoa o tō hoa?	Nō hea ia?
Kei hea te kāinga o tō hoa ināianei?	Ko wai mā ngā mātua o tō hoa?
Tokohia ngā tamariki o tō whānau?	Ko wai ngā ingoa o ngā tamariki o tō whānau?

Te mahi 4

He mahi uaua ki tētahi o ngā ākonga o tō karaehe ki te tuhi i ētahi kōrero mō tana whānau me ana hoa. Kua tonoa koe kia whakaotia ana tuhinga. Anei ana tuhinga:
One of the other students in your class is having trouble writing about her family and friends. You have been asked to finish what she has started. Here is what she has written:

Ko Hine taku ingoa.

Ko Mete _____ ingoa whānau.

_____ Kahurangi taku whaea.

Ko Wiremu _____ matua.

Ko Pare te ingoa _____ te whaea o taku matua.

Ko Tāmati te _____ o taku tīpuna matua.

_____ (5) ngā mokopuna a aku tīpuna.

Kei Tāmaki-makau-rau taku kāinga _____.

_____ Waikato taku matua, _____ Ngāi Tahu taku whaea.

_____ taku tūngane. Ko Hēmi tana ingoa.

_____ aku tuākana. Ko Ani rāua ko Rawinia ō rāua ingoa. Kāore aku tēina.

Ko Mereana taku hoa. Nō Ngāti Kahungunu _____.

Te wāhanga tuatahi

Te mahi 5

Tuhia he kōrero mō te whānau me ngā hoa o tētahi akonga o tō karaehe.
Write about the family and friends of another student in your class.

Te mahi 6

Kua tuhi mai tētahi wahine nō Ahirereiria ki a koe. Kei te pīrangi ia ki ngā ingoa Māori o ngā tāone nunui o Aotearoa. Māu ngā ingoa Māori e tuhi hei whakakī i ngā ango. Kei te whārangi 4 o *Te Kākano* ngā ingoa, engari, kaua e titiro ki taua whārangi i a koe e tuhi ana i ngā ingoa.
Someone from Australia has written to you. She wants the Māori names of the main New Zealand towns. Write the Māori names in the spaces. The names are on page 4 of *Te Kākano* but please do not look at that page while you are writing the names.

1	Auckland _____	2	Thames _____
3	Hamilton _____	4	Gisborne _____
5	Napier _____	6	Hastings _____
7	Dannevirke _____	8	New Plymouth _____
9	Palmerston North _____	10	Masterton _____
11	Wellington _____	12	Blenheim _____
13	Nelson _____	14	Westport _____
15	Greymouth _____	16	Christchurch _____
17	Ashburton _____	18	Milford Sound _____
19	Dunedin _____	20	Invercargill _____

Te mahi 7

Kāore tētahi o ō hoa i te mōhio me pēhea tētahi whakapapa e tuhi pēnā i te whakapapa kei te whārangi 8 o *Te Kākano*. Anei ngā kōrero mō te whakapapa. Māu e tuhi mō tō hoa i runga i āu ake pepa.
One of your friends does not know how to draw a genealogy like the one on page 8 of *Te Kākano*. Here is your friend's written version. Draw a **whakapapa** for your friend on your own paper.

Nō Ngāti Raukawa a Roka. Ko Horowai te tāne a Roka. Nō Ngāti Whanaunga ia. Tokorua ā rāua tamariki tāne. Ko Hēnare te tuakana, ko Rongo te teina. Tokorua ō rāua tuāhine. Ko Hīria te tuakana, ko Ngāwari te teina. Ko Hīria te mātāmua o te whānau, ko Rongo te pōtiki. Ko Te Kotahi te tāne a Hīria. Tokotoru ā rāua tamariki, tokorua ngā tama. Kotahi te tamāhine, ko Tōmuri tana ingoa. Ko ia te pōtiki. Ko Moata te mātāmua, ko Haki tana teina.

Te mahi 8

Kimihia ēnei kupu.
Find these words in the wordfinder below.

pakeke	rangatira	teina	tumuaki	whanaunga	whāngai
tokomaha	Piopiotahi	Whakaoriori	Pārāwai	hunaonga	tungāne
pau	rūhā	hiamoe	Waihōpai	rīwai	manu

Ā	W	H	W	P	Ī	H	M	R	Ē	N	N	G	P	A	Ō	Ū	U
K	T	Ō	P	A	Ē	I	R	A	P	G	I	H	Ū	M	O	R	E
R	U	M	Ā	K	N	A	A	P	I	O	P	I	O	T	A	H	I
T	M	I	N	E	W	H	E	Ā	W	I	A	N	G	W	T	K	O
P	U	A	O	K	U	N	Ū	W	H	A	O	E	Ē	H	O	E	I
N	A	N	A	E	Ā	I	H	E	R	Ī	W	A	I	Ā	K	R	R
G	K	O	Ō	G	T	Ē	O	R	A	N	E	I	Ā	N	O	T	O
A	I	Ū	N	U	A	M	P	Ā	R	Ā	W	A	I	G	M	Ī	I
Ā	P	U	P	T	A	A	U	I	R	K	E	K	Ē	A	A	M	R
I	T	A	R	I	A	N	G	A	U	A	R	O	I	I	H	A	O
P	A	U	H	N	G	A	T	Ī	Ā	P	N	T	Ā	K	A	R	A
O	T	Ā	H	U	H	Ā	O	W	H	A	A	G	Ā	Ū	R	Ā	K
U	A	N	I	E	T	W	A	I	Ū	N	G	M	A	N	A	R	A
I	A	P	Ō	H	I	A	W	Ā	R	E	N	E	I	T	Ō	A	H
R	I	W	I	A	H	U	N	A	O	N	G	A	T	E	I	N	W
E	K	A	U	N	Ā	A	H	O	Ō	Ē	T	Ā	M	A	T	R	Ē
K	I	A	W	H	A	N	A	U	N	G	A	T	U	W	Ū	I	A
E	N	E	I	M	A	H	I	K	M	O	N	R	M	A	N	U	Ī

Te mahi 9

Hei ako i ngā kupu hou
Learning new words

You should develop methods to learn the meanings of new words you encounter in the textbook, in this study guide, on the tape-recorded exercises, in class and with other speakers. One quick way to do this is to use small cards with the new word on one side of the card and its meaning on the other. By having each word on a separate card, you can go through a set of cards by looking at and saying each word while thinking of its meaning. Each card can be sorted into one of two piles, words you know the meanings of and those which you do not know. Then you can repeat the process with the words you did not know the meanings of. You can also reverse the process and look at the side of the card with the meaning instead.

These cards are easy to carry with you. They should be kept for future revision.

You may also wish to create your own dictionary. Whenever you encounter a new word you add it to your dictionary with its meaning. It is suggested that you use illustrations and sentences with the words in them as examples to help you remember their meanings and how they are used.

Te wāhanga tuarua

Te mahi 10

Nā Terēhia ēnei kōrero i tuhi. Ko ia tētahi o ō hoa. Nō te wāhi kotahi kōrua. Kei te noho kōrua i te whare kotahi, ā, kei te ako Māori kōrua i Te Whare Wānanga. Pānuitia ngā kōrero, ka tuhi ai i ngā kōrero me koe kei roto. Kei te whārangi 12 me te whārangi 13 o *Te Kākano* ngā whakamārama hei āwhina i a koe.
This story is written by Teresa. She is one of your friends. You are both from the same place. You live in the same house and you are both learning Māori at the University. Read the story and then rewrite it as if you were telling it. The explanations on pages 12 and 13 of *Te Kākano* will help you.

> **Tēnā koe. Nō Tūranga ahau, engari kei Ōtepoti ahau e noho ana ināianei. Kei te ako au i te reo Māori i Te Whare Wānanga. Kei te haere māua ko Paora ki ngā toa ki te hoko taonga. Tokorua māua kei te haere ki ngā toa. Kei te haere māua ki te kite i tētahi hoa i te hōhipera. Kei te māuiui ia. Ko Hana tana ingoa. Nō Ngāti Kahungunu ia, engari kei Ōtepoti e noho ana ināianei. E whitu tekau mā iwa ana tau. Kei te haere māua ki tātahi ki te whakatā, ki te omaoma, ki te kaukau hoki. Hei konā rā.**

Te mahi 11

Kua tuhia ēnei kōrero e whai ake nei e tētahi akonga, engari kāore he tohutō, kāore he tohutuhi, ā, kei te hē te tuhi o ētahi kupu. Māu ngā kōrero e tuhi, e whakatika.
The following story has been written by a student but without macrons or punctuation. Some words have been written incorrectly. Rewrite and correct the story.

> kei te mihi a hoani ki ana hoa tena koutou e kare ma kei te pehea koutou kei te whakautu a irihapeti kanui te pai e hoa me koe hoani kei te pera tonu e hine kei te haere koutou ki hea kei te whakautu a henare ki te marae Kite aha ki te whakatika i te wharenui me nga whare paku kei te haere mai a ngati porou ki te hui kei te patai a hoani tokohia ratou kei te haere mai e wha tekau kei te tangihanga i turanga ratou inaianei kei te kī a hoani me haere ahau e noho ra e karema ae haere ra e hoa

Te wāhanga tuarua

Te mahi 12

Whakaingoatia ngā mea o te whakaahua kua tohungia ki te nama. Tuhia te kupu 'He' i mua o te kupu.
Name the things in the illustration as indicated by number. Write **He** (a/some) before each word.

1 _____	2 _____	3 _____
4 _____	5 _____	6 _____
7 _____	8 _____	9 _____
11 _____	12 _____	

Te mahi 13

Tirohia anō te whakaahua. Hei ako i ngā kupu 'roto', 'waho', 'runga', 'raro', 'mua' me 'muri' tēnei mahi me Te mahi 14. Kei te whārangi 15 me te whārangi 16 o *Te Kākano* ngā whakamārama mō ēnei kupu. Tuhia he kōrero e kīa ana kei hea ia mea, kei hea ia mea. Whāia mai koa te mea tuatahi hei tauira.
Look again at the illustration. This exercise and Exercise 14 are to practise using the words **roto, waho, runga, raro, mua** and **muri**. Explanations about these words are on pages 15 and 16 of *Te Kākano*. Write sentences saying where each thing is, using the first sentence as an example.

1	Kei muri te kēmihi i te kuia me te koroua.
2	
3	
4	
5	
6	
7	
8	
9	
10	
11	
12	

Te mahi 14

Anei anō tētahi mahi mō te whakaahua kei te whārangi 8. Tuhia he kōrero e kīa ana he aha kei muri, kei mua, kei roto, kei waho, kei runga, kei raro rānei o ia mea, o ia mea. Whāia mai koa te mea tuatahi hei tauira.

Here is another exercise for the illustration on page 8. Write sentences saying what is behind, in front of, inside, on top of or underneath each thing, using the first sentence as an example.

1	He kuia me te koroua kei mua i te kēmihi.
2	
3	
4	
5	
6	
7	
8	
9	
10	
11	
12	

Te wāhanga tuarua

Te mahi 15

Hei ako i ngā kupu 'au', 'ahau', 'ia', 'tāua', 'māua', 'kōrua', 'rāua', 'tātou', 'mātou', 'koutou' me 'rātou' tēnei mahi. Kei ngā whārangi 12 me 13 o *Te Kākano* ngā whakamārama mō ēnei kupu. Tuhia tētahi o ēnei kupu hei whakakī i ngā ango o ēnei kōrero mō te whakaahua kei te whārangi 8.

This exercise is to practice the use of the words **au, ahau, koe, ia, tāua, māua, kōrua, rāua, tātou, mātou, koutou** and **rātou**. Explanations of these words are given on pages 12 and 13 of *Te Kākano*. Using these words, fill in the gaps in this story about the illustration on page 8.

Kei te tāone ngā tāngata. Kei ngā toa _____. Kei waho a Hinemanu i te kēmihi. He kuia _____. Kei te kōrero _____ ki tana tāne. Ko Wiremu tana ingoa. Kei te haere _____ ki roto i te kēmihi ki te hoko rongoā. Kei waho ngā mokopuna a Hinemanu _____ ko Wiremu i te toa. Ko Matiu te ingoa o te tamaiti tāne, ko Hana te ingoa o tana tuahine, ā, ko Tamahou te ingoa o te pēpi. Ko _____ te teina o Matiu, te tungāne hoki o Hana. Kei te tākaro _____. Ko te tangata kei roto i te toa te matua o Matiu _____ ko Hana, ko Tamahou. Ko Hirini tana ingoa. Kei te kōrero _____ ki te wahine. Kei te hoko kai _____. Kei te kāinga tana wahine. Ko Ngāhuia tana ingoa. Kei te whakatā _____.

Te mahi 16

Tuhia he whakapapa mō te whānau kei roto i te whakaahua me te mahi kei mua ake nei.

Draw a genealogy of the family in the picture based on the story in the previous exercise.

Te mahi 17

Whakautua mai koa ngā pātai nei mō te whakaahua o Te mahi 12 kei te whārangi 8 me ngā kōrero o Te mahi 15 kei te whārangi 10.
Answer these questions about the illustration for Exercise 12 on page 8 and the story in Exercise 15 on page 10.

1. Kei hea te whānau a Hinemanu rāua ko Wiremu? _____
2. Tokohia ngā tāngata me ngā tamariki kei roto i te whakaahua? _____
3. E hia ngā rākau o te whakaahua? _____
4. He nanekoti kei roto i te whakaahua? _____
5. Ko wai te ingoa o te pēpi? _____
6. Kei hea te manu? _____
7. Ko wai mā kei roto i te toa? _____
8. Kei hea te wahine a Hirini? _____
9. Ko wai tana ingoa? _____
10. Kei hea ngā tamariki? _____
11. Kei hea ngā pēke rīwai? _____
12. Ko wai te tama a Hinemanu rāua ko Wiremu? _____

Te mahi 18

Tuhia ngā nama. Kei ngā whārangi 5 me 16 o *Te Kākano* ngā whakamārama mō te tatau.
Write the numbers as indicated. Explanations about counting are on pages 5 and 16 of *Te Kākano*.

Te wāhanga tuarua

kotahi _____1_____	rua _____
tekau _____	tekau mā rua _____
kotahi rau _____	rua tekau _____

3 _____toru_____	tekau mā whā _____
13 _____	whā tekau mā rima _____
30 _____	rima tekau mā whā _____

5 _____	tekau mā ono _____
15 _____	rua tekau mā ono _____
50 _____	ono tekau mā tahi _____

7 _____	tekau mā waru _____
17 _____	waru tekau mā whitu _____
78 _____	iwa tekau mā waru _____

19 _____	40 _____
90 _____	65 _____
99 _____	82 _____

Te mahi 19

Pānuitia ngā kōrero e whai ake nei, ka tuhi ai i ngā ingoa o ngā tāngata e kōrerohia ana ki ngā kupu kua tohungia.
Read the following story and write the names of the people referred to by the underlined words.

Nō Ahuriri a Hēnare rātou ko Tīpene, ko Rangi, ko Mihi, ko Piri, ko Hārata. Kei te haere rātou ki te kura ki te purei whutupōro. Kei waho <u>rātou</u> i te kura e kōrero ana ki te kaiako o te kura. Ko Hōri Takutai <u>tana</u> ingoa. Ko Māia te ingoa o <u>tana</u> tamāhine. He hoa ia nō Hēnare <u>mā</u>.
Kei te kī a Hōri ki a Tīpene <u>mā</u>, 'Tēnā koutou, tamariki mā. Kei te haere <u>koutou</u> ki hea?'
Kei te whakautu a Rangi, 'Tēnā <u>koe</u>, e pā. Kei te haere <u>mātou</u> ki te purei whutupōro. Kei te pai tēnā?'
'Āe, kei te pai.'
'Kei hea a Māia, e pā?'
'Kei roto i te whare. Kei te whakatā <u>ia</u>. Kei te ngenge ia.'

1	rātou _____	2	tana _____
3	tana _____	4	ia _____
5	mā _____	6	mā _____
7	koutou _____	8	koe _____
9	mātou _____	10	ia _____

Te mahi 20

He whakamārama

In **Te wāhanga tuarua** of *Te Kākano* you have begun using **kei te . . .** with the verb **haere** to mean '. . . is going' (pp. 12–14). **Kei te . . .** is only used for present or future time and indicates that the action is continuous or progressive, i.e. the English translation of the verb will usually have '-ing' on the end. Verbs typically describe actions. You have also learnt some other verbs which are used following **ki te** (p. 14) and **me** (p. 15), such as **noho** (to stay, sit, live) and **hoko** (to buy/sell). There are many verbs like these that can be used instead of **haere** after **kei te**.

Here is an exercise using **kei te** with verbs you have learnt in **Te wāhanga tuarua**. There is further practice of some of these verbs on the audio exercises for this chapter.

Whiriwhiria tētahi kupu tika hei whakakī i ia ango o ngā korero. Kia kotahi anake te whakamahi i ia kupu.
Choose a suitable word to fill each gap in the story. Use each word only once.

kai	whakatika	kōrero	noho	hī
hoki	moe	kaukau	hoko	ako

1 Kei te _____ a Kīngi rāua ko Inia i te whare.

2 Kei te _____ a Rūtene i runga i te tūru.

3 Kei te _____ ngā tamariki i roto i te awa.

4 Kei te _____ koutou i te reo Māori.

5 Kei te _____ rātou ki te kuia.

6 Kei te toa a Te Kēpa mā. Kei te _____ kai rātou.

7 Kei te _____ te ngeru i roto i te pouaka.

8 Kei te _____ rātou ki te kāinga.

9 Kei te moana te whānau. Kei te _____ ika rātou.

10 Kei te _____ rare te tamaiti.

Te mahi 21

Kei te whārangi 17 o *Te Kākano* he whakamārama mō ngā ingoa Māori mō te tangata. Pānuitia ngā kōrero e whai ake nei mō te whānau ka tuhi ai i tētahi whakapapa. Kimihia hoki ngā whakautu ki ngā pātai e toru.

As you will know from page 17 of *Te Kākano*, Māori personal names that are not derived from common English names usually do not indicate the gender of a person. Read the following family account and draw a **whakapapa** to show the relationships, ages and gender. Also find the answers to these three questions:

1 Ko wai mā ngā ingoa o ngā tāngata katoa o te whānau?
2 E hia ngā tau o ngā tāngata katoa?
3 He aha ngā tāngata o te whānau?

Kei Ōtautahi tēnei whānau e noho ana ināianei. Nō Ngāti Kahungunu rātou. Tokotoru ngā tamariki o te whānau. Tekau mā rima ngā tau o te mātāmua. Ko Tai tana teina. Ko Moana te pōtiki. Kei te kura tuarua rātou e ako ana i te reo Māori. Kei te kaha a Tai rāua ko tana tuakana ki te purei whutupaoro. E rima tekau mā iwa ngā tau o te tipuna o Moana mā. Kei te ora tonu rāua ko tana wahine. Ko Kahu tana wahine. Me haere a Kahu ki te hōhipera ki te kite i tana hoa. Nō Ngāti Porou tana hoa. Kei te māuiui ia. Ko Rongo te tamāhine a Moe rāua ko Kahu. E ono tekau ngā tau o te whaea o Rongo. Tekau mā toru ngā tau o tētahi o ana mokopuna, te pōtiki o te whānau. Ko Tini te matua o Moko. Ko Moko te tungāne o Moana. E toru tekau mā tahi ngā tau o te whaea o Tai mā. E toru tekau mā rua ngā tau o te pāpā o Moana mā.

Te wāhanga tuarua

Te mahi 22

Pānuitia ngā kōrero, ka tuhi ai i ngā pātai e tika ana mō ngā nama kei te mutunga o ia rārangi. Hei tauira te pātai tuatahi me te mea tuarua.
Read the text and then write appropriate questions for the numbers at the end of each line, using the first two questions as examples.

Nō Ngā Puhi a Hetaraka rāua ko tana wahine. Ko Te Rina tana ingoa. E waru tekau mā tahi ngā tau o Hetaraka, e whitu tekau mā iwa ngā tau o Te Rina. Tokoiwa ngā tamariki a Hetaraka rāua ko Te Rina – tokowhitu ngā tama, tokorua ngā tamāhine. Tokotoru o rātou he whāngai. E ono tekau ngā tau o te mātāmua, e whā tekau mā waru ngā tau o te pōtiki. E rima tekau mā whā ngā mokopuna a Hetaraka mā.

1 Tokohia ngā mokopuna a Hetaraka rāua ko Te Rina? 54
2 E hia ngā tau o Hetaraka? 81
3 _____ 9
4 _____ 60
5 _____ 79
6 _____ 7
7 _____ 48
8 _____ 2
9 _____ 3

Te mahi 23

He whakamārama

In Chapter 1 of the textbook you practised using the words **a** and **o** (of) with terms for family relationships. In Chapter 2 you used **o** when asking or giving ages, e.g. **E hia ngā tau o Kuīni?** (How old is Queenie?) You may also have used **o** in sentences using **ingoa** (name), e.g. **Ko wai te ingoa o te tamāhine a Kuīni rāua ko Kīngi?** (What is the name of Queenie and Kīngi's daughter?) Why is **o** used in these sentences and not **a**?

These uses introduce a second aspect of the use of **o**, namely that if the thing that is owned, or possessed, is part of something else, then **o** is used. This includes names, size, age, colour, qualities of people and things, emotions, **mātauranga** (knowledge), **whakaaro** (thoughts), **hara** (sins), **hē** (mistakes) especially if made unwittingly, **raruraru** (problems) and even **reo** (language). Things that would usually take the **a** category take **o** if they are part of something such as a group, e.g. **ngā tamariki a Kuīni** (Queenie's children) but **ngā tamariki o te kura** (the children of the school). In this last example the children are part of the school so **o** is used. In the phrase **te tuanui o te whare** (the roof of the house) the roof is part of the house so **o** is used.

The following exercise and some of the tape-recorded exercises for this chapter will give you practice in the use of **o** when things or people are part of something, as well as the use of **a** and **o** with kinship terms.

Whakakīa ngā ango ki te kupu 'a', ki te kupu 'o' rānei.
Fill in the gaps with either **a** or **o**.

1 Rua tekau mā whitu ngā tau ___ Pita.

2 Tokomaha ngā ākonga Māori ___ Te Whare Wānanga ___ Waikato.

3 Kotahi te teina ___ Pita.

4 Kei hea te hunaonga ___ Tai e noho ana?

5 E rua tekau mā waru ngā tūru ___ te whare karakia.

6 Ko te reo Māori te reo tuatahi ___ te tamāhine ___ Tiāre rāua ko Ngāreta.

7 Kei waho te manuhiri i te kēti ___ te marae.

8 Me hoki te tupuna ___ Hoani ki te hōhipera ___ Ōtepoti.

9 Kei te kōrero te wahine ___ taku hoa ki te whaiāipo ___ Hingaia.

10 Kua pau te hau ___ te tama ___ te tumuaki.

11 Kei te kai ngā manu i ngā kākano ___ te māra ___ taku matua.

12 E whitu ngā tēpu ___ te whare piriota.

Te wāhanga tuatoru

Te mahi 24

Whakakīa ngā ango o te waiata a Hirini Melbourne. Kaua e whakarongo ki te waiata kia oti rā anō i a koe te mahi nei.
Fill in these gaps in Hirini Melbourne's song. Do not listen to the song until you have completed this exercise.

Tēnā koe, kei te pēhea _____ ?   Kia ora rā, e pēwhea ana?

Tēnā koe, kei te pai _____ .   Kia _____ rā, e pai ana.

Nō _____ koe?   Nō hea _____ ?

Nō Te Whare Wānanga o _____ .   Nō Tūrangawaewae _____ .

               Kei te aha?

               Kei te pai.

               Nō hea koe?

               Nō te _____ o Waiapu (2x)

               Ka mau te wehi.

Te mahi 25

Tuhia i runga i aū ake pepa he karaka hei whakaatu i ngā tāima kei raro iho nei. Kei ngā whārangi 28 me 29 o *Te Kākano* ngā whakamārama mō tēnei mahi.
On your own paper draw clocks to illustrate the times below. The grammatical explanations for this exercise are on pages 28 and 29 of **Te Kākano**.

---

1 Whitu karaka.   2 Koata pāhi i te iwa karaka.

3 Hāpāhi i te rua karaka.   4 Koata ki te toru karaka.

5 Tekau meneti pāhi i te rima karaka.   6 Rua tekau meneti pāhi i te waru karaka.

7 Rua tekau mā rima meneti ki te tekau mā tahi karaka.

8 Tekau mā waru meneti ki te tekau mā rua karaka.

18 Te wāhanga tuatoru

Te mahi 26

Tuhia ngā pātai e tika ana mō ēnei whakautu.
Write appropriate questions to match these answers.

1 Rima meneti pāhi i te tahi karaka te tāima. _____

2 Kei raro ō hū i tō moenga. _____

3 I roto taku koti i te kāpata. _____

4 Nō te iwa karaka mātou i hoki mai ai ki te kāinga. _____

5 I tātahi mātou i te Rāhoroi. _____

6 Kei te haere māua ki te hōhipera. _____

7 Tokoono ngā tāngata e haere ana ki te whare karakia. _____

8 Nō Waikato mātou. _____

9 Nō te waru karaka rāua i maranga ai. _____

10 Ko Te Wharehuia rātou ko Hirini mā i tae ki te hui. _____

Te mahi 27

Whakautua ngā pātai kei te whārangi 19 mō te whakaahua nei.
Answer the questions on page 19 about this illustration.

1 Kei hea te tangata whenua? _____

2 Kei hea te manuhiri? _____

3 Kei hea te kurī e oma ana? _____

4 Kei hea te koroua e noho ana? _____

5 Kei hea ngā tūru? _____

6 I hea te tangata whenua? _____

7 He aha te tāima? _____

8 Kei te whai te tangata i te aha? _____

9 Tokohia ngā tāngata kei te taha o te wharenui? _____

10 E hia ngā tūru mō te manuhiri? _____

Te mahi 28

He whakamārama

In **Te wāhanga tuatoru** of **Te Kākano** you have begun using **kua . . .** with verbs. Unlike **kei te**, which can precede nouns as well as verbs, **kua** (and the other true verbal markers such as **me**, **i** and **ka**) is only used with verbs. **Kua** means that an action has been started, and may be completed, or a change of state has come about. See page 28 of **Te Kākano** for examples. The following exercises are to help you practise using **kua**.

Tirohia anō te whakaahua o te marae, ka tuhi ai i ngā rerenga kōrero e waru e tīmata ana ki te kupu 'kua'.
Look at the illustration again and then write eight sentences about it beginning with **kua**.

1 _____
2 _____
3 _____
4 _____
5 _____
6 _____
7 _____
8 _____

Te wāhanga tuatoru

Te mahi 29

I te marae e whakaatu mai ana i te whakaahua koe i te taenga mai o te manuhiri ki reira. Ko koe te tangata i whai ai i te kurī. Kātahi anō koe ka hoki ki te kāinga, ā, kei te pātai mai tō hoa i ēnei pātai e whai ake nei. Kei te mōhio tō hoa ki te marae. Tuhia ō whakautu ki ana pātai.
Imagine that you were at the **marae** in the illustration when the visitors arrived. Now you have returned home and your friend is asking the following questions. Your friend knows the **marae** well. Write your answers to her queries.

1. I hea koe i te ahiahi nei, e hoa? _____
2. I aha koe i reira? _____
3. He aha te tāima i pōhiri ai koutou i te manuhiri? _____
4. He aha tō mahi i reira? _____
5. Nāu te kurī i whai? _____
6. Nā wai ngā tūru i hari atu mō te manuhiri i te rā nei? _____
7. Tokohia ngā tāngata o te manuhiri? _____
8. Nā wai te manuhiri i karanga ki runga i te marae? _____

Te mahi 30

Pānuitia ngā kōrero mō te hui i te marae, ka whakautu ai i ngā pātai.
Read this text about the meeting at the **marae** and then answer the questions.

Nō te hāpāhi i te tahi karaka i tae mai ai te manuhiri ki te marae. Nō Ngāti Tūwharetoa rātou. Nō te tekau karaka i tae mai ai te tangata whenua ki te marae. I whakatika rātou i te wharekai me te wharenui mō te hui. Nā ngā wāhine me ngā tamariki ngā kai i whakareri. Nā Tāne mā te hāngī i whakareri. Ko Tāne te matua o Te Hererīpene mā. Nā Tāne ngā mīti i hari mai mō te hāngī. Nāna ngā mīti i hoko mai i te pūtia. Nā Ani ngā heihei i hoko mai. Ko Ani te wahine a Tāne. Nā Te Hererīpene mā ngā tēpu i whakareri. He parāoa rēwena, he pihikete me ngā keke kei runga i ngā tēpu.

Kua rua karaka te tāima ināianei. Kua tae katoa mai te manuhiri. Kei waho rātou i te kēti o te marae. Kei mua a Te Wharetoroa i te wharekai. Kua karanga ia ki te tangata whenua, 'Kia tere, e hoa mā! Me haere tātou ki mua o te wharenui. Kua tae mai te manuhiri.'

Kua haere a Tāne mā ki mua i te wharenui ki te pōhiri i te manuhiri. Ko te Tūrei tēnei. Nō reira, me mahi ētahi tāngata o te kāinga nei. Tekau mā whitu ngā tāngata i tae mai ki te pōhiri i te manuhiri. Kua reri te kuia ki te karanga ki te manuhiri. Kei mua ia i te wharenui e tū ana. Kua tū te tangata whenua, engari, kua oma mai te kurī ki runga i te marae. Kei te whai tētahi tangata i te kurī. Kua māuiui te koroua o te tangata whenua. Kei te noho ia i runga i te tūru.

Kua reri te tangata whenua ināianei. Kei te karanga atu te kuia ki te manuhiri. Kei te whakaeke mai rātou. Kei te karanga mai te kuia o te manuhiri.

1 He aha te tāima i tae mai ai te tangata whenua ki te marae? _____
2 He aha te tāima i tae mai ai te manuhiri ki waho o te marae? _____
3 Nā wai ngā kai i whakareri? _____
4 Nā wai te hāngī i whakareri? _____
5 Nā wai ngā mīti i hoko mai? _____
6 Ko wai tana wahine? _____
7 Nā wai ngā heihei i hoko mai? _____
8 Nā wai ngā tēpu i whakareri? _____
9 He aha ngā kai kei runga i ngā tēpu? _____
10 Kei te pēhea te koroua? _____
11 I roto te tangata whenua i te wharekai. Kei hea rātou ināianei? _____
12 Kei hea te kuia e tū ana? _____
13 I hea te kurī? _____
14 Kua whakaeke mai te manuhiri ki runga i te marae? _____

Te mahi 31

Āta whakaarohia ēnei kupu o Te wāhanga tuarua me Te wāhanga tuatoru o *Te Kākano*. Whakarōpūhia i raro i ēnei upoko e whā i runga i āu ake pepa:
Think carefully about these words from Chapters 2 and 3 of *Te Kākano*. Group them under these four headings on your own paper:

1 He inu, 2 He kai, 3 He kākahu, 4 He mahi

waipiro	tarau	horoi	hua	rama	raihi
whakakai	parāoa	pōtae	pia	kīnaki	mīere
whakatika	kuhu	panekoti	paukena	wai ārani	kauhoe
tātua	tōkena	miraka	miraka tepe	maranga	pēkana
wāina	whakatū	tiki	poraka	pītiti	harore
heke	hupa	huaki	hiripa	merengi	riki
tīmata	hū	tākaro	whakaako	tunu	tīhi
purini	hī	rōpere			

Te mahi 32

Nā tētahi wahine ngā kōrero nei i tuhi, engari, kāore ia i te mōhio ki ngā tohutō o ngā kupu. Āpititia ngā tohutō ki ana kōrero.
A woman wrote this dialogue but she did not know where to place the macrons. Add macrons to her dialogue.

Ko Hami: E Pita, e oho! Maranga! Kua reri nga kai. He totiti, he heki, he pekana nga kai mo te parakuihi. No reira, kia tere! Ka mataotao nga kai.

Ko Pita: He aha te taima, e hoa?

Ko Hami: Kua iwa karaka. He aha te taima i moe ai koe inapo?

Ko Pita: No te tekau ma tahi karaka. I haere au ki te whare wananga inapo. Na Aroha ahau i whakahoki mai i te po nei. Ko ia te whaiaipo a Tamati. I Parawai ia inanahi. Ka hoki mai ia apopo.

Ko Hami: Maranga, e Pita!

Ko Pita: Kei hea taku tarau? I runga i taku turu inapo.

Ko Hami: Na Aroha pea i hari atu!

Te mahi 33

Tuhia ngā pātai e tika ana mō ēnei whakautu. Kei te whārangi 30 ki te whārangi 32 o *Te Kākano* ngā whakamārama mō tēnei mahi.
Write appropriate questions to match these answers. The grammatical explanations for this exercise are on pages 30 to 32 of *Te Kākano*.

1 Nā Tānia tō motokā i horoi. _____

2 Nāku tō kaka i haeana. _____

3 Nā māua a Ngāhuia rāua ko Aroha i whakahoki ki Kirikiriroa. _____

4 Nā Ngāreta ngā ākonga i whakaako ki te kōrero Māori. _____

5 Nā mātou ko Porohaurangi ngā pounamu wāina i tiki atu. _____

6 Nā te kaumātua te manuhiri i mihi. _____

7 Nāna te kēti i huaki. _____

8 Nā Whā rāua ko Nako aku pene i tāhae. _____

Te mahi 34

Pānuitia ngā kōrero mō ngā kākahu e tika ana mō te haere ki te pōhiri. Kimihia ngā kupu mō ngā kākahu me ngā whakakai me ērā momo taonga. Tohungia, arā, rūritia.
Read this account about the right clothes to wear when going to a **pōhiri**. Find and underline the words used for clothes, ornaments and those types of adornment mentioned.

Ko ngā kākahu mō te pōhiri

Kei te haere tō karaehe ki te marae mō tētahi hui. He aha ngā kākahu e tika ana mō te haere? Ahakoa he rerekē ngā tikanga o tērā iwi, o tērā iwi, e kī ana ētahi me mau panekoti, me mau kaka rānei ngā wāhine me ngā kōtiro, ā, me mau tarau roa ngā tāne me ngā taitamariki tāne. I te rohe o Waikato me ētahi atu iwi me mau kaka pango ngā wāhine ahakoa he tangihanga, he aha rānei te kaupapa o te hui. Kāore e kore ka mau neketai ngā kaumātua me ngā kaikōrero. Mau hūtu ai, mau hākete ai anō hoki ētahi. Ki te whiti te rā, he makariri rānei, mau pōtae ai ngā tāne. Ka mau hoki ngā wāhine me ngā tāne i ngā whakakai.

I ngā wā o mua i te taenga mai o te Pākehā, mehemea i haere tētahi iwi ki tētahi atu iwi ka mau rātou i ō rātou kākahu papai, pērā i te kahu kiwi, i te kahu kurī, i te korowai, i te kaitaka rānei. Ka mau hoki rātou i ō rātou whakakai ātaahua, i te heitiki, i te mako, i ērā momo taonga ātaahua. Titia ai he heru, he huruhuru manu hoki ki roto i ngā makawe, pērā i te kōtuku, i te huia, i te toroa rānei.

Te mahi 35

He whakamārama

In Chapters 1 and 2 of the textbook you practised using the words **a** and **o** (of) with terms for family relationships. In Chapter 2 of **Te Kakano**, another rule was introduced: the use of **o** when the thing that is owned, or possessed, is part of something. Other things that are parts of a whole, or are regarded as such, and take **o** include parts of the body, clothing, ornaments, combs, watches, bedding and seating. Anything that is closely associated with the body will normally take **o**, e.g. **te hūtu o Te Wharehuia** (Wharehuia's suit); **te tūru o te kaiako** (the teacher's chair); **te moenga o taku tama** (my son's bed); and, **te ringaringa o Murumāra** (Murumāra's arm).

Food, crops and animals, however, are normally used with the **a** category, e.g. **I hari a Pita i te merengi a te koroua ki tana motokā.** (Peter carried the elderly man's melon to his car.)

The following exercise will give you practice in the various uses of **a** and **o** that have been covered so far in the first three chapters of this study guide, the textbook and the tape-recorded exercises.

Te wāhanga tuatoru

Whiriwhiria ngā kupu tika hei whakakī i ngā ango.
Choose the right words to fill the gaps.

1 Kua oma ngā tamariki o te _____ ki te pahi. (koroua, kura, kuia, wahine)

2 Kua pau ngā pītiti o _____. (te rākau, Pita, te tangata, te tamaiti)

3 Kua makariri ngā _____ a te tangata. (ringaringa, tōtiti, waewae, mātua)

4 I whakahoki a Piripi i te _____ o tana hoa ki te kāinga. (āporo, mokopuna, tīhi, koti)

5 Nā ngā kōtiro ngā rīhi o te _____ i horoi. (kuia, marae, wahine, awa)

6 E whā ngā _____ o Tānia. (pōtae, keke, hipi, heihei)

7 Nā Pō rāua ko Turi ngā ākonga o _____ i whakahoki. (te kaiako, Te Whare Wānanga, Rawinia, te tohunga)

8 Ka horoi tana hoa i ngā _____ a te tamaiti āpōpō. (waewae, rīhi, ringaringa, hara)

Te wāhanga tuawhā

Te mahi 36

He whakamārama

On pages 41 and 42 of *Te Kākano* you were introduced to some uses of **ki** and **i**. Verbs which express or imply some kind of movement are often accompanied by phrases that give the place from which the movement started and/or the goal of the action. With these verbs, **i** designates the source of the action and **ki** shows direction towards the goal. In other words, what comes after **i** in the sentence is where the action started while what comes after **ki** is where the action will end, e.g. **I haere atu a Pita mā i Whakatū ki Te Waiharakeke.** (Pita and the others went from Nelson to Blenheim.)

Note that placenames and the small group of location words, such as **runga** (the top, on) and **uta** (the shore, land, inland) come straight after **i** and **ki**, e.g. **Kua hoki mai rātou i tātahi.** (They have returned from the beach.)

If the word following **i** and **ki** is a person's name or one of the personal pronouns like **rātou** (they/them) the word **a** needs to be used in front of these. For example:

Ka hoatu te whakakai ki a ia āpōpō.	The personal ornament will be given to her tomorrow.
Pātai atu ki a Rewi!	Ask Dave!

The following exercise gives you practice using **ki** and **i** with words which express or imply some kind of movement.

Tuhia he rerenga kōrero mō ngā whakaahua nei.

26 Te wāhanga tuawhā

Te mahi 37

He whakamārama

As well as the verbs which express or imply some kind of movement, there is a small group of verbs which also use **ki** to mark the object of the action, e.g. **Kei te mōhio ētahi Pākehā ki te reo Māori**. (Some Pākehā know the Māori language.)

These verbs include **pīrangi** (to want), **hiahia** (to desire, wish for), **mōhio** (to know, understand) and **mahara** (to think, remember, consider).

Verbs other than these, and those that indicate motion towards a goal, either actual or figurative, as discussed and practised earlier, will take **i** to mark the goal or object of the sentence, e.g. **I inu rāua i te wai ārani**. (They drank the orange juice.)

It should be noted that this use of **i** does not apply to some other sentence patterns using verbs, including the sentence pattern you learnt in Chapter 3 of *Te Kākano*, emphasising who did the action, e.g. **Nā Pita i hoko te miraka**. (It was Peter who bought the milk.) In this sentence pattern there is no word to mark the receiver of the action.

The following exercise gives you practice in using **ki** and **i** appropriately.

Whiriwhiria ngā kupu tika hei whakakī i ngā ango. Kia kotahi anake te whakamahi i ia kupu.

| whakaoho | mātakitaki | horoi | patu | mōhio | mahara |
| pānui | rongo | hari | tīmata | mihi | hiahia |

1. Kei te _____ a Kura ki te reo Māori.
2. I _____ ngā tāngata i te tīma whutupōro e purei ana.
3. Kua _____ te tangata weriweri i te kurī.
4. Kua _____ ngā wāhine i ngā keke ki te marae.
5. I _____ te akonga i te pukapuka.
6. I _____ a Mokonuiarangi i ngā rīhi.
7. Kua _____ a Rangiwewehi i te waiata a Ngāpō.
8. Kua tū te koroua ki te _____ ki te manuhiri.
9. I _____ ngā tamariki i te koroua e ngongoro ana.
10. Kei te _____ a Mikaere i tana mokopuna.
11. Kei te _____ te tamaiti ki tētahi aihikirīmi.
12. Kua _____ a Rāhera ki ngā kupu o te waiata.

Te mahi 38

He whakamārama

In Chapters 1 to 3 of the textbook you practised some of the uses of **a** and **o** (of). Other uses of these two words will be introduced in future exercises. These same rules about whether to use **a** or **o** also apply to other pairs of words, including **nā** and **nō** (of, belonging to). In sentences and phrases beginning with **he**, either **nā** or **nō** must normally be used, not **a** or **o**. For example:

He hoa a Pita nō Rāhera.	Peter is a friend of Rachel.
He pihikete ēnei nā te pēpi.	These are the baby's biscuits.
He uri rātou nō Porourangi.	They are descendants of Porourangi.

Nā and **nō** also combine with personal pronouns, but with special forms when referring to one person, i.e. **nāku/nōku** (of mine), **nāu/nōu** (of yours), **nāna/nōna** (of his/hers). For example:

| He nanekoti nāna. | Goats of hers. |
| He kaka nōku. | A dress of mine. |

The following exercise gives you practice in using **nā** and **nō** appropriately.

Te wāhanga tuawhā

Tuhia ngā kupu tika hei whakakī i ngā ango.

1 He uri a Te Wharehuia _____ Tamarau.

2 He teina a Irihāpeti _____ Māhina.

3 He tama ia _____ rātou.

4 He panekoti tērā _____ Ani.

5 He waewae tēnei _____ te tūru o te koroua rā.

6 He tamariki rātou _____ Te Kura o Rākaumanga.

7 He ngeru tēnā _____ tāua.

8 He ākonga a Rāhera mā _____ (nāku/nōku).

9 He tītī ērā _____ (nāu/nōu).

10 Kua hoki atu a Piripi ki te kāinga. He raruraru _____ (nāna/nōna).

Te mahi 39

He aha ēnei mea?

1 Tokomaha ngā tāngata o tēnei mea. He mātua ētahi, he tīpuna ētahi, he tamariki ētahi, he mokopuna ētahi o ngā tāngata o tēnei mea. Kei Tāmaki-makau-rau ētahi o ēnei mea. He tangata whenua ētahi o ēnei mea e noho ana i ngā tāone. Ko Tumu Te Heuheu te ariki o tētahi o ēnei mea. _____

2 Kāore e kore, kei a koe ētahi o ēnei mea. Mehemea he makariri te rā ka kimi koe i tētahi o ēnei mea. He ātaahua ētahi o ēnei mea. Ka mau hāte koe i raro i tēnei mea i ētahi wā. Mehemea he tino makariri koe ka mau koti koe i runga i tēnei mea. He momo kākahu tēnei mea.
_____

3 Kei te moana te kāinga o tēnei mea. Kei ētahi toa tēnei mea. He kai reka tēnei mea. Ka tunu te tangata i tēnei mea i ētahi wā. He momo ika tēnei mea. _____

4 He roa tēnei mea. He tarau te hoa o tēnei mea. Ka mau ngā tāne me ētahi wāhine i tēnei mea.
_____

5 He ātaahua tēnei mea. He maha ngā kara o tēnei mea. Kei ngā rākau te kāinga o tēnei mea. Kei Aotearoa anake te kāinga o tēnei mea. E rua ngā waewae o tēnei mea, engari kāore he ringaringa. I kai ngā iwi Māori i tēnei mea i ngā wā o mua. He reka tēnei kai. He momo manu tēnei.

Te wāhanga tuawhā 29

Te mahi 40

A Me whiriwhiri koe i ngā mahi a Wī ā tērā Mane kua whakarārangi i raro iho nei mō ana mahi i ngā tāima e waru. Tuhia ia mahi i roto i tētahi o ngā pouaka.

Ngā mahi a Wī			
8.30 i te ata	9 i te ata	10.45 i te ata	11 i te ata
12.30 i te ahiahi	1.45 i te ahiahi	2.30 i te ahiahi	5.30 i te ahiahi

Tūtaki ki a Moana.
Haere ki te hui a taku kaiako.
Ka ako i ngā kupu mō te whakamātautau.
Haere ki te whare wānanga.
Ka mahi i te whare pukapuka.
Haere ki te parakitihi whutupōro.
Kai o te ahiahi.

Haere ki taku karaehe.
Me tiki atu aku mahi kua oti te māka.
Ka kai.
Tūtaki ki taku whaiāipo.
Ka haere ki taku karaehe.
Ka hoki ki te kāinga.
Kapu tī.

E Tuhia ngā rerenga kōrero e waru mō ngā mahi a Wī ā tērā Mane. Kei te whārangi 46 o *Te Kākano* te whakamārama mō te momo kōrero e tika ana mō tēnei mahi. Kei Te mahi nama 41 o ngā rīpene he mahi hei ako i tēnei momo kōrero.

Hei tauira tēnei: Ā *te iwa karaka i te ata (o te Mane)* tūtaki ai a Wī ki a Moana.

1 _____
2 _____
3 _____
4 _____
5 _____
6 _____
7 _____
8 _____

I Kōrero ki tētahi hoa o tō karaehe he aha ngā mahi e waru a Wī me ngā tāima o āna mahi ā tērā Mane.

Te mahi 41

> **He whakamārama**
>
> There are great benefits to be gained by reading as much Māori as possible, even if a text you are reading appears to be beyond the level you have reached in the language. To become a good reader of Māori you will need to develop ways of tackling unfamiliar texts in the language, such as speeding up your reading. Slow reading can mean you will have difficulty understanding a text as a whole. Generally, the following procedure should be used.
>
> 1 Before reading the text, try to predict what it is about using any clues such as illustrations, charts, maps, layout, typeface and the title of the text. What sort of text is it (e.g. letter, story, newspaper article, report, etc.)? What do you know about the subject of the text?
> 2 Skim-read to get the gist of the text and to check whether your prediction was right.
> 3 Make further predictions about the text.
> 4 Do a second reading for more detail.
>
> The following exercise will help you develop strategies to benefit from reading an unfamiliar text in Māori.

Whāia mai koa ngā tohutohu nei.

1 He aha tō mōhio mō Hawai'i? Whakarārangitia ngā mea e mōhio ana koe. _____

2 Tuhia ngā mea e hiahia ana koe ki te mōhio mō Hawai'i me ngā iwi o reira. _____

3 Ki tō whakaaro, he aha te kaupapa o ngā kōrero e whai ake nei? Taihoa e pānuitia ngā kōrero, engari, tirohia anake te upoko me te mapi. _____

4 Kia tere te pānui i ngā kōrero. Tohungia ngā mea o 1 me 2 i tuhia ai e koe kei roto i ngā kōrero nei.

5 Āta pānuitia ngā kōrero ināianei. Whakarārangihia ngā mea hou kua whakaakona e koe mō Hawai'i kei roto i ngā kōrero nei, arā, tuhia ngā mea mō Hawai'i kāore i roto i ō kōrero.

Te wāhanga tuawhā

Te haerenga ki Hawai'i

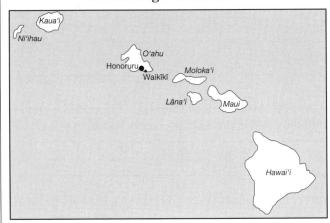

Ngā moutere o Hawai'i

Ā te marama o Ākuhata haere ai a Te Ihorei mā o Te Tumu ki ngā moutere o Hawai'i hararei ai. E rua tekau mā toru ngā tāngata e haere ana. Mā runga waka rererangi rātou haere ai ki reira. E toru mano tāra pea te utu mō te tangata ki te haere. Ka noho rātou ki reira mō ngā wiki e rua. Nā Te Mete mā te haerenga i whakarite. Ko Te Mete te kaiwhakahaere o Te Tumu.

E mōhio ana a Te Ihorei mā he nui te utu o te mīti i Hawai'i. Nō reira, ka hari a Te Ihorei mā i te mīti kau mā rātou, engari, me hoko rātou i te toenga o ngā kai. Nō Hawai'i te matua o Te Ihorei. Nō reira, he maha ana whanaunga nō reira.

He ātaahua ngā moutere o Hawai'i, ā, he mahana ngā rangi o reira. Ko ngā ingoa o ngā moutere nunui ko Hawai'i, ko Maui, ko Lāna'i, ko Moloka'i, ko O'ahu, ko Kaua'i me Ni'ihau. Ko Hawai'i te moutere tino nui, ā, ko tēnei hoki te ingoa o ngā moutere katoa. He maunga teitei kei ngā moutere o Hawai'i. Ko Honoruru te tāone nui o ngā moutere o Hawai'i. Kei te moutere o O'ahu taua tāone. Ko Waikīkī te one rongonui o Honoruru. He nui ngā hōtēra kei reira.

He whanaunga ngā iwi tūturu o Hawai'i nō ngā iwi Māori. He rite tonu te reo o reira ki te reo Māori. He maha ngā kupu o te reo me ngā tikanga a ngā tāngata tūturu o Hawai'i e rite ana ki te reo me ngā tikanga a ngā iwi Māori. He ika me te taro ngā tino kai a te tangata whenua i ngā wā o mua. He *lū'au* tā rātou ingoa mō te hākari. He iwi rongonui rātou mō te waiata me te kanikani, arā, mō *hula*. Ko te *'ukulele* he taonga rongonui nō reira.

Nā ngā tāngata o Amerika ngā moutere o Hawai'i i tāhae. Kei raro aua moutere o Hawai'i i te mana o Amerika. Kei riro ngā moutere i a rātou i te tau 1898. Kei te whawhai tonu te tangata whenua mō ō rātou moutere, ā, kia ora tonu hoki tō rātou reo. He Pākehā, he Hapanihi, he Hainamana ētahi o ngā iwi nunui e noho ana i ngā moutere o Hawai'i.

Te mahi 42

Whakautua ngā pātai mō te whakaahua nei.

1 He aha te tangata mau pōtae? _____
2 He aha ōna kākahu? _____
3 Nā wai te tamaiti tāne i hopu? _____
4 He aha ia? _____
5 I hea rāua? _____
6 Kei hea rāua ināianei? _____
7 Nā wai ngā tiakarete i tāhae? _____
8 Mā hea rāua haere ai ki te whare pirihimana? _____
9 He aha te utu mō te pata? _____
10 He aha te utu mō te aihikirīmi? _____
11 Me te pia, he aha te utu mō tēnā? _____

Te mahi 43

He whakamārama

You have already learnt about the words **tēnei**, **tēnā**, **tērā** and their plural forms on page 44 of **Te Kākano**. You will know that one way of indicating that more than one thing is being spoken about is by dropping the **t** off the word, e.g. **He tōkena nō Mere ēnā**. (Those are Mere's stockings that you have.)

You will find that this dropping of the **t** is a common pattern and occurs with some other words that determine whether what is being talked about is singular or plural. You will have encountered this with **tētahi** and **ētahi**, e.g. **Me ako tātou i ētahi waiata hou**. (We should learn some new songs.)

Likewise, with the possessive determiners **taku**, **tō** and **tana**, more than one thing is indicated by dropping the **t** off the word, e.g. **Ko ana ākonga ērā**. (Those are her students.)

Two other words that determine singular and plural are **taua** and **aua**. These two words are used when referring to people or things that have been mentioned already, e.g. **Ko Honoruru te tāone nui o ngā moutere o Hawai'i. Kei te moutere o O'ahu taua tāone.** (Honolulu is the major city of the Hawaiian islands. It is on the island of O'ahu.)

Like **taku**, **tō** and **tana** and their plural forms, **taua** and **aua** must be followed by a noun. In this they differ from **tēnei**, **tēnā**, **tērā** and **tētahi** and their plural forms, which do not require a noun after them.

Tuhia ngā kupu e tika ana hei whakakī i ngā ango.

Te wāhanga tuawhā 33

I tētahi rā ka tūtaki a Parehuia ki tana hoa. Ko Tikitū tana ingoa. Ka tīmata rāua ki te kōrero mō te haere ki Hawai'i. Ka kōrero (1) _____, ā, ka whakamōhio a Parehuia i ngā whakaritenga mō te haere ki Hawai'i ki a (2) _____. E rua tekau mā toru ngā tāngata e haere ana ki reira. Tekau mā rima ngā ākonga, (3) _____ ngā kaiako e haere ana. Ka noho rātou ki (4) _____ mō ngā wiki e rua. Ā te marama o Ākuhata rātou haere ai. Ka (5) _____ atu rātou ki reira ā te Tāite, te 22 o (6) _____, ā, ka hoki mai ki Aotearoa nei ā te (7) _____ te 5 o Hepetema. E (8) _____ ana te rōpū nei ki te tūtaki i te tangata whenua, ā, ki te ako i ngā tikanga o reira.

He nui te utu mō te haere, engari, kei te hiahia tonu rātou katoa ki te (9) _____. E toru mano (10) _____ pea te utu mō te tangata ki te haere. He nanakia ngā ākonga ki te haka, ki te waiata hoki. Me ako (11) _____ i ētahi waiata hou i mua o te haere ki Hawai'i. E rua ngā parakitihi i te wiki. Ko Nātana rāua ko Karyn ngā kaiako mō te rōpū e haere ana. Nā (12) _____ ngā waiata me ngā haka i whiriwhiri mō te haere. He ngahau aua waiata me ngā (13) _____.

Nā Te Mete mā te haerenga i (14) _____. Ko Te Mete te kaiwhakahaere o Te Tumu. Nāna ngā moni mō te (15) _____ i kohikohi, nāna hoki ngā tīkiti me ngā whakaritenga mō te noho ki Hawai'i i (16) _____. He mahana ngā rā i Hawai'i. Nō reira, ka hari rātou i ngā (17) _____ e tika ana mō te noho ki tētahi wāhi mahana. Mā runga waka (18) _____ rātou haere ai ki (19) _____. Nā Te Mete ētahi waka i whakarite mō te haere i te moutere o O'ahu. Ka (20) _____ rātou i tētahi hōtera ki Waikīkī.

Te mahi 44

He whakamārama

In Chapters 1 to 3 of the textbook you practised several uses of the words **a** and **o** (of). Let's add some other types of things to help you learn which of these two words you should use. Objects that the possessor can carry (apart from things associated with the body) take the **a** category, e.g. books, tables, bags, pets and animals. The possessor has control over these, hence the **a** category, e.g. **te pēke a Hoani** (John's bag); **he mōkai nā taku tamaiti** (a pet of my child). The word for farm, **pāmu**, also takes **a** because it refers to the crops and animals, e.g. **te pāmu a Ngāti Porou** (Ngāti Porou's farm).

Te wāhanga tuawhā

> By contrast, immovable property such as land, buildings, schools, universities and towns take **o**, e.g. **ngā whenua o te iwi** (the tribe's land). All forms of transport, including a horse used for that purpose, also take **o**, e.g. **te hōiho o Mikaere Wāka** (Michael Walker's horse). The reason these all take **o** is because the possessors rely on these things for shelter or to carry them.
> The following exercises will give you further practice in the various uses of **a** and **o** that have been covered so far in the first four chapters of this study guide, the textbook and the tape-recorded exercises.

Whiriwhiria te kupu 'a', te kupu 'o' rānei e tika ana hei whakakī i ngā ango.

1 Mā runga i te waka _____ Katarina mātou haere ai ki te netipaoro.
2 Ā te waru _____ Oketopa te kōtiro matapiko _____ Pita hoki mai ai.
3 Kei muri pea te koti _____ Aroha i te kūaha e iri ana.
4 Ā tērā marama ahau noho ai i te pāmu _____ te whānau _____ Rāwiri mā.
5 Ko tēhea te ngeru _____ tana teina?
6 Ko Taupiri te maunga tapu _____ ngā iwi _____ Waikato.
7 Kua ngaro te whakakai _____ te kaiwhakahaere _____ Te Tumu.
8 He tamaiti matapiko te mokopuna _____ te kuia rā.
9 Ka haere te hunaonga _____ Roka rāua ko Tini ki te maunga mā runga i te hōiho _____ Wherete.
10 He maha ngā paihikara _____ ngā tāngata _____ Ōtautahi.

Te mahi 45

Kimihia tētahi pānui a tētahi toa hoko kai, toa hoko taonga hoki, pērā i a New World me Foodtown, ka tuhi ai i ētahi rerenga kōrero mō ngā utu mō ētahi mea. Kia tekau pea ngā rerenga kōrero.
Hei tauira tēnei: *E toru tāra, e iwa tekau mā iwa heneti te utu mō te pākete whērū.*

Te mahi 46

Whakautua mai koa ngā pātai. Tuhia ngā kupu mō ngā nama.

1 E hia ngā rā o ngā wiki e rua? _____
2 E hia ngā rā o te tau 2004? _____
3 E hia ngā meneti o ngā hāora e toru? _____
4 E hia ngā heneti o te tāra kotahi? _____
5 E hia ngā whārangi o *Te Whanake 1 Te Kākano*? _____
6 E hia ngā wīra o ngā motopaika e rua? _____
7 Tokohia ngā tāngata o te tīma whutupōro? _____
8 E hia ngā ika o te moana? _____

Te wāhanga tuarima

Te mahi 47

Kei te whārangi 52 ki te whārangi 54 o *Te Kākano* ngā whakamārama mō tēnei mahi.
Tuhia he rerenga kōrero kotahi mō ngā rerenga kōrero e rua. Hei tauira tēnei:
   Ko Moi te ingoa o <u>taku</u> kurī. Ko Moi <u>tana</u> kurī hoki.   *Ko Moi tā māua kurī.*

1 Ko taku kura tērā. Ko tana kura hoki tērā. _____
2 Kua ngaro aku pukapuka. Kua ngaro hoki ō pukapuka. _____
3 Kei hea taku koti? Kei hea hoki tana koti? _____
4 Mā runga i tō motokā mātou haere ai ki Pārāwai. Mā runga hoki i tana motokā mātou haere ai ki reira. _____
5 Ā te whitu o Tīhema tana whaea hoki mai ai. Ā te whitu o Tīhema hoki taku whaea hoki mai ai. _____
6 Nō Te Whakatōhea ō tīpuna. Nō Te Whakatōhea hoki ana tīpuna. _____
7 He kererū tō mōkai. He kererū hoki taku mōkai. _____
8 I tatari ngā tāngata ki tana pahi. I tatari hoki rātou ki taku pahi. _____
9 Nāna aku pēkana i tunu. Nāna hoki ana hēki i tunu. _____
10 Kei muri tana pōtae i te kūaha e iri ana. Kei muri hoki tō pōtae i te kūaha e iri ana. _____

Te mahi 48

Kimihia ngā kupu o te pouaka tuarua e tika ana hei whakaoti i ngā kupu o te pouaka tuatahi.

1	Kua pau	a	ki te pahi.
2	Ka mātaotao	e	ō kai.
3	Kua mahue ia	h	i a ia.
4	Kua mau te ika	i	aku moni.
5	Kua tīmata ia	k	i te koroua e ngongoro ana.
6	I tuhi te kōtiro	m	ki te waiata.

Te wāhanga tuarima

7	I pahupahu	n	i te pukapuka.
8	Kei te horoi rāua	ng	i te pahi.
9	I rongo rātou	o	i ētahi kōrero.
10	E tatari ana ngā kuia	p	ki te makimaki.
11	I kata ngā tamariki	r	i ngā rīhi.
12	Ka pānui te kaiako	t	te kurī.

Te mahi 49

He whakamārama

In Chapters 1 to 4 of the textbook, you practised the uses of the words **a** and **o** with a range of things. In **Te wāhanga tuarima** of **Te Kākano** (pp. 54–56), the sorts of things that fit into each category are listed. A fuller list with extra examples is in the appendix of **Te Kākano** (pp. 140–142). Some things in the lists you have not practised using yet. For example, if the thing that is owned is in an inferior position to the possessor the **a** category is used, e.g. **Ko Hingaia mā ngā ākonga a Murumāra**. (Hingaia and the others are Murumāra's students.)

On the other hand, if the thing that is owned is in a superior position to the possessor the **o** category is used, e.g. **He ātaahua te kaiako o Moana mā**. (The teacher of Moana and the others is beautiful.)

As you have learnt, the **a** and **o** categories also apply to **nā** and **nō**. In **Te wāhanga tuarima** of **Te Kākano** the possessives (sometimes called the possessive determiners) are introduced and explained on pages 52 to 54. The **a** and **o** categories also apply to these possessives. The following exercise will give you further practice in using these together, in addition to the various uses of **a** and **o** that have been covered so far in the first four chapters of this study guide, the textbook and the tape-recorded exercises. Exercises 50 to 54 of the tape-recorded exercises will give you further practice.

Tuhia ngā kupu e tika ana hei whakakī i ngā ango.

1. Ko Tiāre te piriniha o Wēra. Ko Irihāpeti _____ whaea. Ko Piripi _____ matua.

2. Kua tae mai tātou ki te kai, engari, kua pau _____ parāoa.

3. Tokorua ā māua tamariki. Ko Māia rāua ko Pita _____ ingoa.

4. Kei Te Whare Wānanga o Otāgo mātou. Ko Kereama _____ tumuaki.

5. Nō Ngāti Tūwharetoa a Hōri rātou ko Parehuia mā, ā, ko Tumu Te Heuheu _____ ariki.

6. Tokomaha ngā tāngata o ngā hapū o Waikato. Ko Te Atairangikaahu _____ ariki tapairu.

7 Tokorima ngā tamariki o te whānau a Te Hererīpene rāua ko tana tāne, ā, ko Mana _____ pōtiki.

8 I tatari mātou ki te pahi, ā, ka hōhā ā māua tamariki. Ka tae mai _____ pahi i te whitu karaka.

9 Me haere mātou mā raro ki Te Whare Wānanga. Kua pau _____ moni.

10 Kua mate a Tawhiro. Ka haere tātou ki te tangihanga mō _____ hoa āpōpō.

11 Ko Mokonuiarangi rāua ko Taihuka aku tama. E toru _____ mōkai, he manu, he ngeru me tētahi kurī. Kua hōhā au i _____ kurī.

12 Haere mai ki te kai, tamariki mā! Kua kai kē mātou, ā, kua reri _____ kai. Kia tere, kei mātaotao _____ hupa.

Te mahi 50

Tuhia he kōrero kia whai mai i ngā kōrero nei. Me tīmata ki ngā kupu 'Kāore anō . . .' Kei te whārangi 56 o *Te Kākano* ngā whakamārama mō tēnei mahi.
Hei tauira tēnei: Ka hari a Rawinia i te pēke ki tō tātou waka ākuanei.
    Kāore anō ia kia hari i te pēke ki tō tātou waka.

1 Kua whakakī a Koro i te tīkera mō te kapu tī. _____

2 Kei te moe tonu tana whaiāipo. _____

3 Ākuanei a Pāpā heu ai. _____

4 Kei te tunu tonu a Paretoroa i tā tātou parakuihi. _____

5 Kei te kēti o te marae tā tātou manuhiri e tatari ana. _____

6 Kei te kimi tonu a Rāhera i ōna hū. _____

7 Kei roto tonu tō tātou rangatira i te wharenui. _____

8 Ā te toru karaka tā tātou hui tīmata ai. _____

10 Kei Tahiti tonu a Taihuka. _____

11 E tatari tonu ana ngā tāngata ki a Kiri Te Kanawa kia waiata. _____

12 Kua makariri te rā, engari, kei te huaki tonu te kūaha o tō rātou whare. _____

Te wāhanga tuarima

Te mahi 51

A Whiriwhiria ngā kupu e tika ana hei whakakī i ngā ango. Kia kotahi anake te whakamahi i ia kupu.

pukapuka
waru
Whare Pāremata
waiata
toru tekau mā waru
Ōtautahi
Ngāti Porou
Te Aute
Paratene Ngata
mate
tokorima
Te Rangihīroa

Tā Āpirana Turupa Ngata

I whānau mai a Āpirana Ngata i te 3 o Hūrae i te tau 1874 i Te Araroa. Nō Ngāti Porou ia. Ko (1) _____ tōna pāpā, ko Kāterina tōna whaea. I haere ia ki te Kura Māori o Waiomatatini me te Kāreti o (2) _____ . E (3) _____ ana tau i Te Aute, ā, ka haere ia ki Te Whare Wānanga o Waitaha i (4) _____ . Nō te tau 1893 i riro i a ia te tohu paetahi (BA). I neke atu ia ki Tāmaki-makau-rau, ā, ka riro i a ia tana tohu paetahi ture (LLB). Ko ia te Māori tuatahi i oti i a ia he tohu mātauranga i tētahi whare wānanga i Aotearoa nei.

Nō te tau 1895 ka mārena rāua ko Arihia Tāmati. Nō (5) _____ hoki ia. Tekau mā tahi ā rāua tamariki, tokoono ngā kōtiro, (6) _____ ngā tama. Ka tū ia hei rōia, ka hoki rāua ko Arihia ki Waiomatatini. Ka huri ia ki te āwhina i te iwi Māori. He maha ngā hui i tae atu ai ia, ā, i tuhi kōrero hoki ia mō ngā nūpepa Māori. I a Ngāti Porou tonu ō rātou whenua, ā, ka riro i a Āpirana hei whakatikatika i te whakahaere i ā rātou pāmu hipi.

Ka uru a Āpirana ki te (7) _____ i te tau 1905. E (8) _____ ana tau i te pāremata e mahi ana mō te iwi Māori.

Ko Tā Āpirana Turupa Ngata tēnei.

He tino hoa a Te Rangihīroa nō Āpirana, ā, he maha ngā reta nā rāua i tuhi ki a rāua i te wā roa e noho ana a (9) _____ i Hawai'i. He maha hoki ngā (10) _____ nā rāua i tuhi. Nā Āpirana ngā waiata a ngā tīpuna i kohikohi, ā, ka puta aua (11) _____ me ngā whakamārama i roto i ngā pukapuka o *Ngā Mōteatea*. Nō te tau 1948 i riro i a ia te tohu mātauranga tākuta (LittD) mō āna mahi tuhituhi.

I (12) _____ a Āpirana Ngata i te 14 o Hūrae i te tau 1950.

Te wāhanga tuarima 39

E Tuhia ngā pātai mō ngā kupu kei te ngaro i ngā kōrero kei te whārangi 38.
   Hei tauira ēnei:

1 Ko wai te matua o Āpirana Ngata? _____
2 He aha te ingoa o tōna kura tuarua? _____
3 _____
4 _____
5 _____
6 _____
7 _____
8 _____
9 _____
10 _____
11 _____
12 _____

Te mahi 52

Kua puta mai he kēhua

Te wāhanga tuarima

Kei te whārangi 57 o *Te Kākano* ngā whakamārama mō tēnei mahi. Tuhia he kōrero mō te whakaahua kei te whārangi 39. Me uru ēnei kupu katoa ki roto i ō kōrero:

| tata | mataku | taka | pakaru | maringi | mate |
| hinga | kī | riro | ngaro | | |

Te mahi 53

> **He whakamārama**
>
> By now you will have become aware that nouns can be modified by another word or words. Look at this example: **He maunga teitei a Aoraki**. (Mount Cook is a tall mountain.) In this example **teitei** is adding information about the noun **maunga**, telling us that it is a tall mountain. Notice that **teitei** follows the word it is modifying, whereas in English 'tall' is placed before the word it qualifies. Words used in this way are called 'adjectives'. Adjectives express attributes of things, people or actions. As a general rule, in Māori adjectives and other modifiers follow the word they qualify.
>
> The following exercise is to give you practice in the use of adjectives.

Tuhia ngā kupu nei kia tika ai te whakatakoto.

1 hūmārie / te / Kua / rūma / kī / i / tāne / te   Kua kī te rūma i te tāne hūmārie.

2 ātaahua / tō rātou / wahine / whaea / He _____

3 weriweri / Kua / pereti / te / i / tamaiti / te / pakaru _____

4 pukumahi / tā rāua / He / tamaiti / akonga _____

5 paruparu / wahine / ō rātou / i / kākahu / Nā / horoi / te _____

6 tapu / rātou / kia / maunga / anō / Kāore / piki / tō rātou / i _____

7 māngere / te / Ira / e / ana / tangata / takoto _____

8 nui / mau / Kua / Pita / a / i / ika / tētahi _____

9 reka / i / pau / Kua / tamariki / kai / ngā / ngā _____

10 pārekareka / rongo / I / rātou / Ngāti / waiata / Tūwharetoa / i / te / a _____

Te wāhanga tuaono

Te mahi 54

Me tīmata koe ki te tuhi korero i roto i te reo Māori mō āu mahi ngahau ia rā. Kia tekau meneti noa tēnei mahi ia rā. I ngā Paraire me hoatu āu tuhinga ki tō kaiako kia pānuitia e ia. Ka tuhi kōrero pea ia ki a koutou. Tuhia te rā o te wiki me te rā o te tau mō ia rā. Hei tauira tēnei:

Te Tūrei, te 13 o Ākuhata

I haere au ki te Whare Wānanga i te rā nei, ā, ka tūtaki au ki a Mea. I haere māua ki te tāone ki te . . .

Te mahi 55

He whakamārama

To help you understand and use particular sentence structures, you should develop ways to figure out the reasons why grammatical forms are the way they are in Māori. When you encounter a new sentence pattern there are three questions you should ask yourself:

1 **He aha te āhua o te momo kōrero?** (What is the form of the sentence structure?)
2 **He aha te tikanga o te momo kōrero?** (What does the sentence structure mean?)
3 **He aha te momo kōrero i mahia ai?** (Why was the sentence structure used?)

Let's look at an example. On pages 30 to 32 of *Te Kākano* you were introduced to what is usually called the actor-emphatic sentence pattern, e.g. **Nā rātou te parakuihi i tunu.**

1 **He aha te āhua o tēnei momo kōrero?** Try answering this question before reading on. The **nā** and **i** are the essential parts of this sentence pattern.
   a The **nā** at the beginning of this sentence pattern will be followed by who or what did the action. If the actor is the name of a person, a dual personal pronoun (e.g. **rāua**), a plural personal pronoun (e.g. **rātou**) or the word **wai** (meaning 'who'), the word will follow straight after **nā**. However, if the actor is a noun, a word like **te**, **ngā** or **taku** will precede the noun, e.g. **Nā taku matua au i whakahoki.** (My father took me back.) There are three special words used at the start of this sentence pattern, namely **nāku** (I did), **nāu** (you did) and **nāna** (he/she did).
   b The verb will follow the **i**, but you should note here that only transitive verbs can be used in this sentence pattern. In other words, intransitive verbs such as **oma**, **moe** and **tū** and stative verbs such as **ngaro**, **pakaru** and **riro**, etc. are not usually used in this sentence pattern. The small group of experience verbs which use **ki** to mark the object of the action which were discussed on page 26, for example, **pīrangi**, **hiahia**, **mōhio** and **mahara**, are not used in this sentence pattern either. Although all the verbs used in this sentence pattern are ones that can take passive endings, passive endings are never used with this sentence pattern.
   c The thing that receives the action (i.e. **te parakuihi** in our example above) can be stated before or after **i** with its verb, but if the word is a personal pronoun it must come before, e.g. **Nāku rātou i whakahoki.**

> 2 **He aha te tikanga o tēnei momo kōrero?** Try answering this question before reading on. Together the **nā** and **i** place the event in the past. This pattern stresses who or what did the action.
>
> 3 **He aha tēnei momo kōrero i mahia ai?** Try answering this question before reading on.
>
> This sentence pattern is used when the speaker wants to focus on who or what did the action, rather than what was done. If we compare the two sentences below and their English translations we can see that there is a different emphasis in the two sentences, although the meaning of both sentences is similar.
>
> > **Nā taku matua ahau i tiki mai.**   It was my father who came and got me.
> > **I tiki mai taku matua i ahau.**   My father came and got me.
>
> This pattern is often used where the speaker is asking who or what did something, for example, **Te reka hoki o tēnei parāoa rēwena! Nā wai i mahi?** (This rēwena bread is yummy! Who made it?)
>
> Exercise 32 of the tape-recorded exercises will give you further practice with this sentence pattern.
>
> On page 65 of **Te Kākano** the parallel construction for the future actor emphatic is explained. All the same rules apply for this, with the exception that **mā . . . e** is used instead of **nā . . . i**, e.g. **Mā māua ngā rīwai e tahitahi.** (He and I will peel the potatoes.)
>
> The following exercise will give you practice in using this sentence pattern, as well as some other aspects of the language you have learnt. Use this sentence pattern as much as possible in the second part of the following exercise.

A He ākonga a Hoani mā i te whare wānanga. Kei te whare kotahi rātou e noho ana, ā, kei te tuhi a Rāhera i ngā rārangi mahi mā rātou e mahi i te rā nei. Pānuitia ngā kōrero nei, ka tuhi ai i ngā rārangi mahi mā ia tangata, mā ia tangata i roto i ngā pouaka. Anei ā rātou kōrero:

Ko Rāhera:	He aha ngā kai mā tātou e hoko i te rā nei, e hoa mā?
Ko Hoani:	Kua pau ngā pia i a tātou. Māku e hoko.
Ko Rāhera:	Āe. He aha atu?
Ko Mārama:	Me hoko ētahi pounamu waina mā tātou.
Ko Rāhera:	Kia hia?
Ko Mārama:	Kia rua pea. Kei te haere mai a Te Haurāwhiti rāua ko Āterea ā te pō nei. Māu e hoko, nē, Hoani?
Ko Hoani:	Āe, kei te pai tēnā. Me hoko au i tētahi hāte hou mōku, Rāhera. Tuhia mai koa tēnā i taku rārangi mahi.
Ko Rāhera:	Āe. He aha atu anō?
Ko Mārama:	Kua pau te parāoa me te miraka, ā, kua tata ngā rīwai te pau. Māku ēnā e hoko.
Ko Rāhera:	Āe. He merengi kei ngā toa ināianei. Me hoko tātou i tētahi, nē rā?
Ko Mārama:	Āe, te reka hoki! Māu tēnā e hoko nē rā, Rāhera?
Ko Rāhera:	Āe. Kua tuhi au i tēnā, ā, me haere au ki te kōrero ki taku kaiwhakaako. He aha ā tātou kai mō te pō nei, e kare mā? He ika mata?

Ko Mārama: Āe, me te poaka. He reka ki a au taua kai.

Ko Rāhera: Āe. Kua tuhi au i ēnā. Māku e hoko. Me hoko anō hoki tātou i ētahi hua rākau – he āporo pea.

Ko Hoani: Āe, me te tiāmu. Kua pau i a au i te ata nei.

Ko Rāhera: Āe. Mārama, māu ēnā e hoko, nē rā?

Ko Mārama: Āe. Me haere au ki te hoko tīkiti mā tātou mō te kanikani.

Ko Rāhera: Āe. Me whakahoki au i ētahi pukapuka ki te whare pukapuka i te rā nei. Me tuhi au i ēnei, kei wareware i a au. E hoa mā, anei ā kōrua rārangi mahi.

Ko Hoani: Anei aku moni mō taku tīkiti. Ai! Ira te tāima! Me haere au ki taku karaehe.

Hoani	Mārama	Rāhera

E Tuhia he kōrero mō ngā mahi mā Hoani rātou ko Mārama, ko Rāhera i te rā nei.

Te mahi 56

Tuhia te whakahau a ia tangata. Kei ngā whārangi 65 ki 67 o *Te Kākano* ngā whakamārama mō tēnei mahi. Whiriwhiria tētahi o ēnei kupu mō ia whakaahua:

Uta (-ina)   Tiki (Tīkina)   Kati (-a)   Horoi (-a)   Homai   Puru (-a)

44 Te wāhanga tuaono

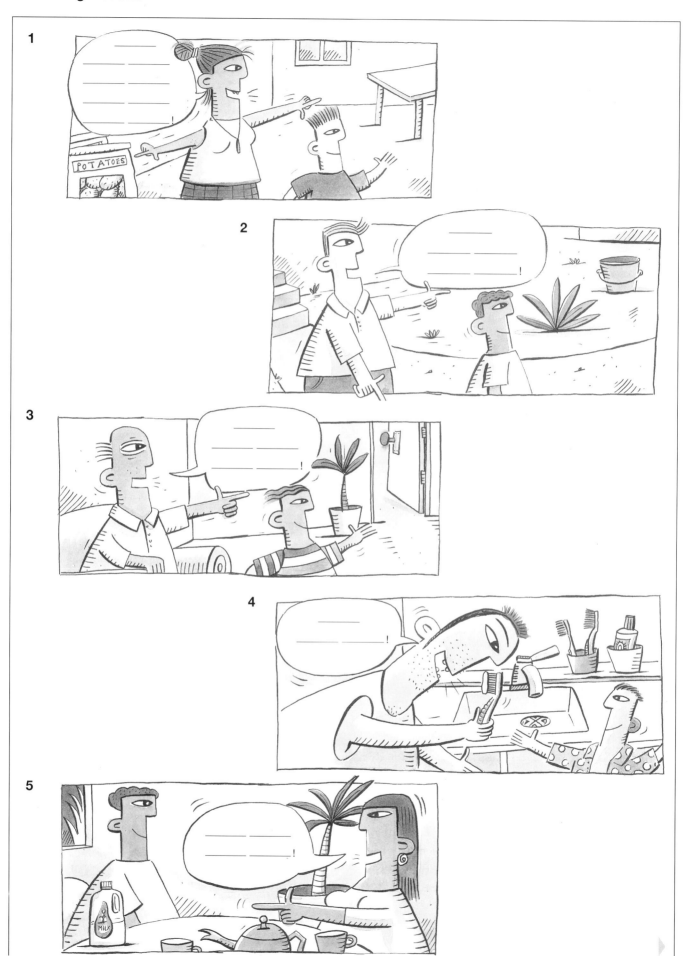

Te wāhanga tuaono 45

Te mahi 57

Anei ngā kōrero mō Wini mā me ā rātou mahi i tērā wiki. I te wiki i mua o taua wiki i moemoeā tētahi tangata, ā, ka rite tana moemoeā ki ēnei kōrero, engari, tokorua kē ngā tungāne o Wini. Ko Api rāua ko Tāmati ō rāua ingoa. Ka kōrero taua tangata ki tana hoa mō tana moemoeā me te whakapono ka mahia aua mea i tērā wiki. Māu āna kōrero ki tōna hoa e tuhi. Me tīmata pēnei: 'Ā te ata o te Tūrei oho ai . . .'

Te moemoeā

I te ata o te Tūrei i oho a Wini rāua ko Api i te waru karaka. Nā tō rāua whaea rāua i whakaoho. Ka maranga a Wini, engari, ka moe tonu tōna tungāne. He moeroa ia. Nā Māia rāua i whakahoki mai i te pāpara kāuta i te pō o te Mane. Mā runga i tōna motokā rātou hoki mai ai i te pāpara kāuta. Ko Māia te whaiāipo a Wini. Nō Ngāti Ranginui me Ngāi Te Rangi ia. I tūtaki rāua i te whare wānanga i te Paraire, ā, ka aroha rāua ki a rāua i taua pō tonu.

Nā tō rāua whaea tā rāua parakuihi i tunu, ā, he pēkana, he hēki, he tomato ā rāua kai mō te parakuihi. Ka kai a Wini, ā, ka tatari ia kia puta mai tōna tungāne ki te kai. Nāna ngā rīhi me ngā taputapu kai i horoi, nāna hoki aua mea i whakamaroke.

Ka mutu te parakuihi a Api, ka whakareri rāua ko Wini ki te haere ki te whare wānanga. I roto a Wini i tōna rūma, ā, ka kite ia i tētahi ngeru e piki ana i te pakitara o tōna rūma. I mataku ia i te ngeru. I karanga ia ki tōna tungāne, engari, ka ngaro te ngeru i taua wā tonu. He kēhua pea taua ngeru!

Te mahi 58

	Kōrero Māori	Mahi parāoa rēwena	Whakamahi rorohiko	Taraiwa taraka	Kauhoe	Tākaro kirikiti
Mihi	✓	✓	✓	✗	✓	✗
Hāmi	✓	✓	✗	✗	✓	✓
Waiārani	✓	✓	✓	✗	✓	✗
Hine	✗	✓	✓	✗	✓	✓
Hirini	✓	✗	✓	✗	✓	✓

Te wāhanga tuaono

A Whakaotia ngā korero mō ngā mahi ka taea e ngā tāngata kei te mutunga o te wharangi 45 te mahi, kāore e taea rānei. Kei ngā whārangi 75 me 76 o *Te Kākano* ngā whakamārama mō tēnei mahi.

1 Ka <u>taea</u> e Mihi te parāoa rēwena te mahi, engari, <u>kāore e taea e</u> ia te taraka te taraiwa me <u>te kirikiti te tākaro</u>.

2 Ka _____ Hāmi te reo _____ te kōrero, engari, _____ e ia te _____ te whakamahi.

3 _____ te katoa o tēnei rōpū te taraka _____.

4 Ko _____ anake te tangata o tēnei rōpū _____ te reo Māori _____.

5 Ka _____ te katoa _____.

6 Ko Hirini anake te tangata o te rōpū _____.

7 Ko Mihi rāua ko Waiārani ngā tāngata _____.

8 E rua ngā mahi _____ Hirini, arā, _____ ia te parāoa rēwena te mahi me te _____.

E Tuhia kia toru ngā rerenga kōrero pēnei mō te tokorima nei.

9 _____
10 _____
11 _____

I Whakautua mai koa ēnei pātai mōu.

12 Ka taea e koe te motokā te taraiwa? _____
13 Ka taea e koe te miraka kau? _____
14 Ka taea e koe te waka te hoe? _____
15 Ka taea e koe te waka rererangi te whakahaere? _____

Te wāhanga tuaono

Te mahi 59

> **He whakamārama**
>
> You should try to speed up your reading of Māori. One way to do this is to read a passage for exactly one minute and mark how far you get. It is important when you do this to think about what you are reading. Then begin reading the passage again from the start for one minute and mark how far you get the second time. Do this four or five times. You should get further with each reading.
>
> You should ask your teacher to give you suitable reading material to develop your reading speed and comprehension. The texts you read should be relatively easy for you to comprehend. Try this procedure for the story on pages 68 to 74 of *Te Kākano*.

Te mahi 60

A Kua tuhia ēnei kōrero e whai ake nei e tētahi hoa o Poia, engari, kāore he tohutō, kāore he tohutuhi, ā, kei te hē te tuhi o ētahi kupu. Māu ngā kōrero e tuhi, e whakatika hoki.

E Tuhia āu kōrero hei whakaoti i ngā kōrero a te hoa o Poia.

He kupu hou pea:

mīhini whakaata	video recorder
nō te mea	because
rīpene whakaata	videotape

> I tatahi a poia ratou ko tangiwai, ko te anga inatahira ka hoki mai ratou ki toratou kainga a ka kite ratou kua ngaro etahi o a ratou taputapu I kuhu mai etahi tangata ki roto i to ratou whare ite ahiahi a na ratou nga taputapu a poia ma i tahae. Kua ngaro te pouaka whakaata a poia te rorohiko me te tikera hou a tangiwai te mihini whakaata me nga ripene whakaata e whitu a Te Anga ka riri a Tangiwai ma notemea katahi ano a Poia ka hoko i tana pouaka whakaata.
>
> I waea atu ratou ki nga pirihimana a ka tae mai raua inanahi ki te korero ki a poia ma kia kite hoki i te wahi i kuhu mai ai nga tahae ki roto ite whare ka patai tetahi pirihimana He aha te tāima i haere ai koutou ki tatahi?
>
> Ka whakautu a tangiwai tekau karaka i hoki mai matou i te rima karaka pea ka hoki mai matou e huaki ana te kuaha o muri.
>
> . . .

Te mahi 61

Kei te whārangi 65 me te whārangi 76 o *Te Kākano* ngā whakamārama mō ngā momo kōrero hei whakaoti i tēnei mahi. Whakautua mai koa ngā pātai mō te whakaahua kei te whārangi e whai ake nei.

48 Te wāhanga tuaono

He kupu hou pea:
 mīhini ngote puehu   vacuum cleaner

1 Hei aha te naihi? _____
2 Hei aha te parai? _____
3 Hei aha te mīhini ngote puehu? _____
4 Hei aha te moni? _____
5 Hei aha ngā kī? _____
6 Hei aha te tauera? _____
7 Hei aha te tīpāta? _____
8 Hei aha te umu? _____
9 Hei aha te tō? _____
10 Hei aha ngā hēki? _____
11 Mā wai te pata e hoko mai? _____
12 Mā wai ngā hēki e tunu? _____
13 Mā wai te parāoa e tapahi? _____
14 Mā wai te whāriki e horoi? _____

Te wāhanga tuaono 49

Te mahi 62

Kua tuhi mai anō tētahi wahine nō Ahirereiria ki a koe. Kei te pīrangi ia ki ngā ingoa Māori o ētahi wāhi o Aotearoa. Māu ngā ingoa Māori o ngā wāhi e tuhi. Kei te whārangi 78 te mapi o ngā ingoa Māori, engari, kaua e titiro ki taua mapi i te wā e tuhi ana koe.

1	Stewart Island _____	2	Southland _____
3	Foveaux Strait _____	4	Otago Peninsula _____
5	Southern Alps _____	6	Banks Peninsula _____
7	West Coast (S. I.) _____	8	Canterbury Plains _____
9	Fiordland _____	10	Southern Lakes _____
11	Otago Coast _____	12	Canterbury Coast (south of Banks Peninsula) _____
13	Kaikōura Coast _____	14	D'Urville Island _____
15	Tasman Bay _____	16	Cook Strait _____
17	Southern North Island _____	18	West Coast (N. I.) _____
19	Hawke Bay _____	20	East Coast (N. I.) _____
21	Bay of Plenty coast _____	22	Bay of Plenty region _____
23	Whale Island _____	24	White Island _____
25	Mayor Island _____	26	Coromandel Peninsula _____
27	Great Mercury Island _____	28	Great Barrier Island _____
29	Hauraki Gulf _____	30	Northland _____
31	Bay of Islands _____	32	Far North _____
33	Pacific Ocean _____	34	Tasman Sea _____
35	Southern Ocean _____		

Te mahi 63

He whakamārama

On pages 65 to 67 of **Te Kākano** there is an explanation about giving commands, and on page 67 how to tell someone *not* to do something (using **kaua e . . .**) is explained. The following exercise practises such negative commands. You should note in the examples given on pages 65 to 67 of **Te Kākano** when passive endings should be used.

50 Te wāhanga tuaono

Tuhia ngā kupu mō ēnei tohu. Hei tauira tēnei:

Kaua e kai paipa ki konei.

1 _____

2 _____

3 _____

4 _____

5 _____

6 _____

7 _____

8 _____

Te wāhanga tuawhitu 51

Te wāhanga tuawhitu

Te mahi 64

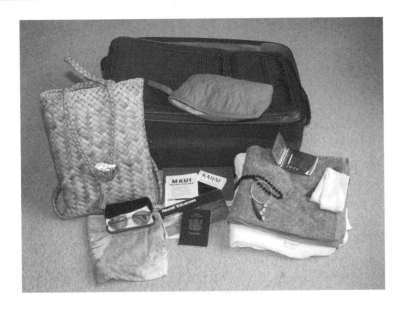

Āpōpō a Ani haere ai ki Hawai'i ki te hararei. Kei te whakareri ia i ana kākahu me ana taputapu mō te haere. Whakautua ēnei pātai. Kei ngā whārangi 82 me 83 o *Te Kākano* ngā whakamārama mō ngā momo kōrero mō tēnei mahi.

He kupu hou:

| uruwhenua | passport |
| pokotaringa | Walkman |

A 1 Kei a Ani ana mōhiti? _____

2 Kei a ia ana tīkiti mō te haere mā runga waka rererangi? _____

3 Kei a ia tana uruwhenua? _____

4 Kei a ia tana karaka pakupaku mō te haere? _____

5 Kei a ia ana mapi o Hawai'i? _____

6 Kei a ia ētahi taora? _____

7 Kei a Ani tana pokotaringa? _____

8 Kei a ia tana kāmera? _____

9 Kei a ia ētahi aikiha? _____

10 Kei a ia ana kākahu kaukau? _____

52 Te wāhanga tuawhitu

Tuhia he kōrero e whai ana i ēnei momo rerenga kōrero.

E 11 Kei a Ani te hopi.   12 Kāore ana hiripa i a ia.
   13 _____   14 _____
   15 _____   16 _____
   17 _____   18 _____

Te mahi 65

Pānuitia ngā kōrero mō Te Kooti Arikirangi Te Tūruki, ka whakautu ai i ngā pātai. Kei te whārangi 85 ngā whakamārama mō tēnei mahi.

He kupu hou:

hāhi	religious sect, church
iriiri (-hia)	to baptise, baptism
Mihinare	Anglican, Church of England
whare herehere	prison, jail, custody

Te Kooti Arikirangi Te Tūruki

? 1831	- I whānau a Te Kooti.
1852	- Ka iriirihia ia e ngā Mihinare.
5 o Hune, 1866	- Ka haria ia ki te whare herehere i Wharekauri.
1867	- Nā Te Kooti te Hāhi Ringatū i tīmata.
4 o Hūrae, 1868	- Ka riro te kaipuke, te *Rifleman*, i a Te Kooti mā, ā, ka rere ki Whareongaonga.
10 o Noema, 1868	- Ka tīmata ngā whawhai a Te Kooti ki Matawhero.
5 o Hānuere, 1869	- Ka oma atu ia i Ngātapa ki roto o Tūhoe.
Hūrae, 1869	- Ka tae ia ki Te Rohe Pōtae o Te Kīngitanga.
25 o Hepetema, 1869	- Te pakanga i Te Pōrere i roto o Ngāti Tūwharetoa, ka oma a Te Kooti mā ki Te Rohe Pōtae, ki a Te Arawa, ki a Tūhoe.
15 o Mei, 1872	- Ka hoki ia ki Te Rohe Pōtae mō te tekau tau.
Hepetema, 1873	- Ka whakaae a Te Kooti me mutu te pakanga.
17 o Āperira, 1893	- Ka mate a Te Kooti ki Ōhiwa.

Ko Te Kooti Arikirangi Te Tūruki

1 Nōnahea a Te Kooti i whānau ai? _____

2 Nōnahea ia i haria ai ki Wharekauri? _____

3 Nōnahea te Hāhi Ringatū i tīmataria ai e Te Kooti? _____

4 Nōnahea a Te Kooti mā i rere ai i Wharekauri? _____

5 Nōnahea ngā pakanga a Te Kooti mā i tīmata ai? _____

6 Nōnahea te pakanga whakamutunga a Te Kooti mā? _____

7 Nōnahea ia i hoki atu ai ki Te Rohe Pōtae o Te Kīngitanga mō te tekau tau? _____

8 Nōnahea a Te Kooti i mate ai? Nō te 17 o Āperira i te tau 1893. _____

Te mahi 66

Kei te whārangi 84 me 85 o *Te Kākano* ngā whakamārama mō tēnei mahi. Whiriwhiria ngā kupu tika hei whakakī i ngā ango. Kia kotahi anake te whakamahi i ia kupu.

hari (-a)	kura (-ina)	tīmata (-ria)	tanu (-mia)	whai (whāia)
iriiri (-hia)	hahu (-a)	kōhuru (-tia)	patu (-a)	whakawā (-kia)
tāhae (-tia)	tuku (-na)	tautoko (-na)	tiaki (-na)	huna (-ia)

He kupu hou:

hahu (-a)	to dig up, disinter
mīhana	mission
whakawā (-kia)	to judge

Te Kooti Arikirangi Te Tūruki

Nō te tau 1831 pea a Te Kooti i whānau ai ki te Pā-ō-Kahu i te takiwā o Tūranga-nui-a-Kiwa. He uri ia nō Rongowhakaata. I <u>kuraina</u> a Te Kooti ki te kura mīhana i Te Whakatō, ā, ka _____ ia e ngā Mihinare. Ahakoa tana tono kia _____ kia _____ ia e te kōti whakawā, nā runga i ana mahi kikino ka _____ ia ki te whare herehere i Wharekauri i te tau 1866. I reira ka _____ te Hāhi Ringatū e Te Kooti.

Nō te 4 o Hūrae i te tau 1868 ka _____ tētahi kaipuke e Te Kooti mā, ā, ka oma rātou ki Whareongaonga i Te Tai Rāwhiti. Kotahi anake te tangata i _____ e Te Kooti mā i Wharekauri, engari, i _____ ētahi tāngata i Matawhero i te marama o Noema i taua tau. Ka oma a Te Kooti mā ki roto o Tūhoe me Ngāti Tūwharetoa, ā, ka _____ rātou e ngā hōia a te Kāwanatanga. I _____ ngā hōia Pākehā e ētahi iwi Māori. Kāore a Te Kooti i mau i a rātou i taua wā.

Tekau tau pea a Te Kooti e noho ana i Te Rohe Pōtae. I _____ ia e Ngāti Maniapoto me Tāwhiao, te kīngi tuarua o Te Kīngitanga.

I mate a Te Kooti i te 17 o Āperira i te tau 1893 ki Ōhiwa. I _____ ia ki Maromahue i Waiōtahe, engari, ka _____, ā, ka _____ ki tētahi atu wāhi.

Te mahi 67

Pānuitia ngā kōrero e whai ake nei, ka tuhi ai i ngā kara o ngā mea kei roto i te whakaahua kei runga ake nei. Kei te whārangi 86 o *Te Kākano* ētahi kupu mō ngā kara, engari kaua e titiro ki taua whārangi i a koe e mahi ana i tēnei mahi.

Nō Ngāti Kahungunu tēnei wahine. He akonga ia kei Te Whare Takiura o Kahungunu, engari kei te moutere o Kapiti ia i tēnei wā. He pango ōna makawe. Kei te whiti te rā, nō reira, kei te mau mōhiti ia. E mau pūtu ana ia, ā, he pākākā aua pūtu. Kei te hunaia ōna turi e tōna tarau kākāriki. Kei te mau hākete ia, he makariri nō te rangi. He māwhero te kara o tana hākete. He parauri tōna kiri. Nō reira, he parauri tōna kanohi, ōna waewae me ōna ringaringa, engari he whero ōna ngutu me ōna maikuku. Kei runga i tōna pakihiwi tētahi kākā e noho ana. He parauri te nuinga o ngā huruhuru o te kākā, engari, he pūmā ngā huruhuru o te māhunga. Kātahi anō te wahine nei ka kite i te kākā. Ki tōna whakaaro, he manu ātaahua te kākā. Kāore te kākā nei e mataku i te tangata. He manu hoihoi te kākā. Kei te tatari te wahine me te kākā kia āpitihia ngā kara e koe! Nō reira, kia tere!

Te wāhanga tuawhitu 55

Te mahi 68

Tokorima ngā ākonga o te whare wānanga e noho ana i tētahi whare. Kua waiho tēnei reta e Rangi ki ōna hoa e noho ana i taua whare. Pānuitia te reta, ka whakautu ai i ngā pātai e whai ake nei:

1 He raruraru nō Rangi. He aha taua raruraru? _____

2 Ki tōu whakaaro, he aha te take i tuhi ai ia i te reta nei? _____

3 I hoki mai ngā hoa o Rangi ki tō rātou whare i te rima karaka. Tuhia ā rātou kōrero i te wā ka pānuitia te reta a Rangi.

---

2 i te ahiahi

Kia ora rā koutou —

Kei riri mai koutou, engari, kāore e taea e au te kai o te pō nei te tunu. Kātahi anō taku whaiāipo ka whakamōhio mai kei te māuiui tana whaea. Nō reira, me hari au i a ia ki te hōhipera ināianei. Kāore e kore ka roa māua i te hōhipera. Kāore au i te mōhio ā hea ahau hoki mai ai ki te kāinga nei. He ika me ngā hēki kei roto i te whiriti mā koutou e tunu. He riwai, he kāpeti, he kānga, ētahi kai kei roto i te kāpata mā koutou.

Hōri, kei a Mākere taku mahi mō taku akoranga reo Māori. Me tae atu ki Te Tari Māori i mua o te 5 karaka. Māu e hari ki reira. Tēnā rawa atu koe.

Mākere, kua pau te mirika me te pata. Māu, mā Tiāre rānei e hoko.

Mevania, māu ngā kai e tunu i te pō nei, ā, māku e mahi ātahirā.

Kāti mō nāianei.

Nā Rangi

Te wāhanga tuawaru

Te mahi 69

He mahi tēnei hei ako i ngā kupu o te whakamārama kei te 98 o ngā whārangi o *Te Kākano*. Nō reira, whiriwhiria ngā kupu 'ki te', te kupu 'kia' rānei hei whakakī i ngā ango.

1 Kei te hiahia rātou _____ hoko i te kōpae a Hinewehi Mohi.
2 Kei te pīrangi ngā kaumātua _____ tae atu mātou ki te marae ātahirā.
3 Kua haere atu rātou ki te whare karakia _____ whakarongo ki te minita.
4 Kua tonoa ngā kāmura _____ haere ki te kuratini.
5 Ko ia te wahine tuatahi _____ whakatūria hei tumuaki o tētahi whare wānanga.
6 I tīmata ia _____ ako i te reo Māori i Te Kura o Tīpene.
7 Tukuna te kurī _____ oma!
8 I tatari rātou _____ karangatia e te kuia.
9 I waiho te motokā _____ taka i te taha o te awa.
10 Ka haere tāua _____ kite koe i te maunga tapu o Ngāi Tahu.
11 Kāore koe e pai _____ haere au ki tō kāinga?
12 Ka haere tātou ki te hōhipera _____ kite au i taku kuia.

Te mahi 70

Te wāhanga tuawaru 57

Tuhia he rerenga kōrero mō te whakaahua kei te whārangi 56. Hei ako i te momo kōrero e whakamāramatia ana i te whārangi 101 o *Te Kākano*. Nō reira, whāia mai koa ngā tauira kei reira. Kia tekau mā rua, neke atu rānei ngā rerenga kōrero. Whakamahia ēnei kupu:

| taumaha | tūpuhi | tawhito | mākū | māmā | ngoikore |
| pakeke | hou | teitei | whānui | hōhonu | kaha |

1 _____
2 _____
3 _____
4 _____
5 _____
6 _____
7 _____
8 _____
9 _____
10 _____
11 _____
12 _____

Te mahi 71

Tuhia he pātai mō te whakaahua kei te whārangi 56. Hei ako i ngā momo kōrero e whakamāramatia ana i te whārangi 100 o *Te Kākano*. Nō reira, whāia mai koa ngā tauira kei reira me te mea tuatahi kei konei. Kia rima ngā pātai.

1 Ko tēhea te mea taumaha, ko te kete, ko te pāhi rānei?
2 _____
3 _____
4 _____
5 _____
6 _____

Te wāhanga tuawaru

Te mahi 72

Tuhia ngā kupu e tika ana hei whakakī i ngā ango, ka whakautu ai i ngā pātai e whai ana i ngā kōrero.

Hinewehi Mohi

Ko Hinewehi Mohi tētahi o ngā wāhine Māori e reka ana ki te waiata. Nō Ngāti Kahungunu a _____.

Nō te marama o Mei i te tau 2000 i puta mai tana kōpae waiata rongonui, ko *Oceania* te ingoa. I waiatatia ngā _____ katoa o taua kōpae i roto i te reo Māori. Ka rangona ētahi o ngā taonga pūoro Māori i taua _____. Ki a au, ko te waiata ātaahua o taua kōpae ko te _____ mō tāna tamāhine, mō Hineraukatauri. Ka taea e te tangata te aroha o Hinewehi mō tāna _____ te rongo i ngā kupu me te tangi o taua waiata. Ko Hineraukatauri te atua o te tangi mokemoke o ngā waiata a ngā tīpuna. Kāore e kore i whiriwhiria tēnei ingoa e _____ mō tāna tamāhine hei whakaatu i tōna aroha mō te waiata me tāna _____.

Ka puta mai tana kōpae i te tau 2000, ka haere tana rōpū waiata ki ētahi whenua o te ao ki te whakanui i ngā _____ o tāna kōpae. I tae atu rātou ki ētahi tāone nunui o Amerika, arā, ki San Francisco, ki New York me Chicago. Kātahi ka haere rātou ki Brazil, ki te tāone tino nui o _____, ki Sao Paolo. Ka kitea rātou i te pouaka whakaata o Rio de Janeiro. Ki a Hinewehi mā, he wāhi tino pai taua _____. Ki tana mōhio, kotahi rau, waru tekau miriona te rahi o ngā tāngata mātakitaki!

Ki ōna whakaaro, he tino taonga tēnei mea te waiata. Mā te waiata te tangata e whakaatu ngā whakaaro hōhonu kei a ia. Mā te _____ hoki i roto i te reo Māori ka ora tonu tō tātou reo.

I tīmata a Hinewehi ki te _____ i roto i te reo Māori i te wā ia i te kura tuarua o Hato Hohepa. Ka mutu i reira, ka haere a Hinewehi ki Te Whare Wānanga o Waikato. He kaha ia ki te ako i te reo Māori i _____, ā, ka riro i a ia tana Tohu Paetahi. Ko Tīmoti Kāretu rātou ko Hirini Melbourne, ko Te Wharehuia Milroy ētahi o ōna kaiwhakaako i Te Whare Wānanga o _____. I tīmata ia ki te tuhi waiata i _____.

1 Ki tōu whakaaro, he aha te kupu Pākehā mō te kupu 'kōpae'? _____
2 He aha ngā kupu Pākehā mō 'ngā taonga pūoro'? _____

Te wāhanga tuawaru 59

Te mahi 73

Whakautua mai koa ēnei pātai.

1. Ko tēhea rā o te tau te rā whakanui i te Tiriti o Waitangi? _____
2. He ngāwari ake te pata i te kōhatu? _____
3. Ko wai te ingoa o te maunga tapu o Ngāi Tahu? _____
4. Me Ngāti Porou, ko wai tō rātou maunga tapu? _____
5. Nō tēhea iwi a Te Kooti Arikirangi Te Tūruki? _____
6. He aha ngā kara o te haki o Aotearoa nei? _____
7. Nōnahea a Kāpene Kuki i ū mai ai ki Tūranga-nui-ā-Kiwa? _____
8. I kuraina a Te Kooti ki hea? _____
9. He aha ngā moutere o Te Moana-a-Toitehuatahi? Whakaingoatia mai koa kia toru. _____
_____
10. Ko ēhea ngā rā whakatā o te wiki mō te nuinga o ngā tāngata o Aotearoa? _____
_____
11. He tokomaha ake te iwi Māori i te iwi Pākehā i Te Ika-a-Māui? _____
12. He roa ake te awa o Waikato i te awa o Rangitīkei? _____

Te mahi 74

Tuhia ētahi pātai e rite ana ki ngā pātai kei runga ake nei mā tētahi hoa o tō karaehe e whakautu. Kia waru ngā pātai māna e whakautu. Tuhia i runga i tētahi pepa, ka hoatu ai ki a ia.

Te mahi 75

Whakautua mai koa ēnei pātai.

1. Nō Ngāti Raukawa, nō Ngāti Kahungunu rānei a Hinewehi Mohi? _____
2. Ko Ōtautahi, ko Ōtepoti rānei te tāone nui o Te Wai Pounamu? _____
3. Nā wai te Hāhi Ringatū i tīmata, nā Rua Kēnana, nā Te Kooti rānei? _____
4. Nōnahea a Pōtatau Te Wherowhero i whakatūria ai hei kīngi mō Te Kīngitanga, nō te tau 1858, nō te tau 1863 rānei? _____
5. Ko tēhea te kararehe tere ki te oma, ko te kāihe, ko te hōiho rānei? _____

6 Tokowhitu, tokorima rānei ngā tāngata o te tīma pāhiketepaoro? _____

7 Kua oti i a koe ngā pātai o tēnei mahi te tuhi, kāore rānei? _____

8 Kei tēhea motu a Māwhera, kei Te Ika-a-Māui, kei Te Wai Pounamu rānei? _____

Te mahi 76

Whiriwhiria ngā kupu tika hei whakakī i ngā ango. Kia kotahi anake te whakamahi i ia kupu.

| pirihimana | hekeretari | heramana | kāmura | nēhi | kaihoko |
| hōia | kaiako | rōia | āpiha | akonga |

Te kāmura

I te _____ e hanga ana i te whare hou mō tētahi _____ i Waiouru e ako ana ki te whawhai me ērā momo mahi, ka rongo ia i tētahi tangi i muri i te whare. Ka haere ia kia kite nā te aha taua tangi, ā, ka kite ia i tētahi tangata e oma atu ana. Ka mōhio te kāmura kua tāhaetia tāna pēke me te pūtea moni kei roto. Ka waea atu ia ki ngā _____ ki te whakamōhio atu i te raruraru kua pā mai ki a ia.

I a ia e tatari ana kia tae mai ngā pirihimana, ka puta mai tana _____ kia hainatia tētahi pepa e ia kia mana ai tā rāua hoko ko tana wahine i tō rāua ake whare. Kātahi anō taua whare ka hokona mai e rāua. He _____ tana wahine i te hōhipera.

Tokowhā ā rāua tamariki, ā, he kōtiro tētahi. Kua pakeke rātou, ā, he _____ tā rāua mātāmua i runga i tētahi tima e rere atu ana ki Ahitereiria i taua wā. He _____ i tētahi toa hoko taputapu mō te pāmu tā rāua pōtiki, ā, he _____ i te whare wānanga te tuarua o ā rāua tamariki. Kia oti i a ia tana Tohu Paetahi ka hiahia ia ki te mahi i roto i tētahi kura hei _____. I te tari o te tumuaki o Te Puni Kōkiri tā rāua tamāhine e mahi ana. Ko tētahi o āna mahi he tuhi reta mō te tumuaki. Nō reira, he _____ ia i reira.

Kotahi haora pea te kāmura e tatari ana, ka tae mai ngā pirihimana me tō rātou _____. I kī rātou e mōhio ana rātou nā wai te pūtea moni me te pēke a te kāmura i tāhae. Kua roa rātou e whai ana i taua tangata, engari, kāore anō ia kia mau i a rātou.

Te wāhanga tuaiwa

Te mahi 77

Anei tētahi wāhanga pakupaku o ētahi kōrero a tētahi kuia mō te wā e tamariki ana ia. Nō Ngāi Te Rangi a Tiraroa Toma, ā, i noho ia i te moutere o Matakana. I pāhotia ēnei kōrero i a *Waka Huia*. Taihoa e pānui i ngā kōrero, engari, whāia mai koa ngā tohutohu e whai ake ana i ngā kōrero a Tiraroa.

He kōrero nā Tiraroa Toma

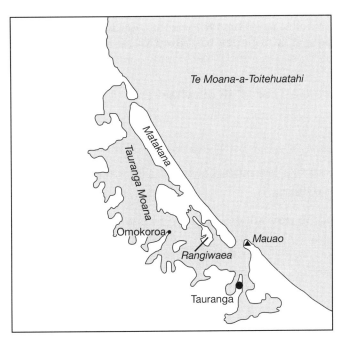

Te moutere o Matakana

Ka pāngia taku kuia ki te māuiui. Ko tō māua kāinga i runga tata ake nei nā. E rua ō māua whare, kotahi he wharemoe, kotahi he wharekai. Ka heke māua ki te kāinga o aku mātua, kua mōhio au ka mate taku kuia. Ka tīmata ahau ki te tangi. I taua pō i karanga ia ki ahau. I kūpapa atu ahau i ōna waewae, ka tangi au. Ka tata te awatea, ka mate. Kātahi mātou ka hari mai i te kuia nei ki konei ki te tūnga tuatahi o Te Rangihouhiri i tērā whaitua, engari, i taua wā kāre kau ana anō a Te Rangihouhiri. Ko tō māua kāinga anake i reira. Ka whakatūngia he tēneti he takotoranga mōna. Ka haere mai ngā iwi ki te tangihanga mōna.

Ka mutu tēnā hui, ka haere mai a Enoka rāua ko tana kuia, ko Wharerangi, ki te kōrero ki aku mātua. Ko aku mātua hoki, ko taku pāpā he Ringatū, ko taku whaea he Mihingare. Kāore au i mōhio ki tēnei mea, ki te whakamoemiti i te Hāhi, kāore au i te mōhio ki ēnā mea i taua wā. Ka kī atu a Enoka ki aku mātua, 'E whakahoki mai ana ahau i te kōtiro nei ki a kōrua i te mea kua mate tana kuia.'

Te wāhanga tuaiwa

Ka tae mai te māhita ki te tono ki te kuia nei kia tukuna au ki te kura. Ka whakahoki te kuia nei, 'Kāo. Ka mate taku mokopuna i te ngenge i te haere i te tawhiti o te kura. Kāo, kāore ia e haere ki te kura.' Ana, kāore au i haere ki te kura. Ko te tāima i mate ai ia, ki taku whakaaro, kua tekau mā rua taku pakeke. Ka mate te kuia nei, ka puta mai ki roto i ahau, ā, kua tae au ki te kura ināianei. Kua kore te kuia i konei hei tāpu i a au kaua e haere ki te kura. Ka haere mai taku tuakana ki te hari i ahau ki te kura. Ka haere noa atu māua mā raro. Ka haere atu i waenga i ngā pāmu – kāre kau he huarahi. Piki atu i ngā hiwi rā, heke atu he repo, haere i roto i te mānuka, ka tae ki te kura. Tokomaha tonu mātou i tērā pakeke i haere mātou ki te kura. Ka titiro atu mātou i te māhita. He pakeke katoa mātou, he roa atu ētahi o mātou i te māhita.

Ka mahi miraka kau, te mahi pāmu, rūmaki rīwai, kūmara, ēnā mea katoa. Ka mahi kai hoki. Kāore he mahara ake, 'Ā, kua kore aku kai, ka haere au ki te hoko kai mai māku.' Kāre kau he kōrero pērā i taua wā. Kāre kau he matekai, he nui te kai. Kei a koe tonu. Ka māngere koe, ka mate koe i te kai; he pukumahi, he nui te kai. Nā, kei te kāinga tonu ā mātou kai. Heoi anō, kua hiahia ki te tīni i ngā mīti pea, ā, kua haere tō mātou pāpā ki te tāone ki te hoko mīti mai.

A Taihoa e pānui i ngā kōrero a Tiraroa. Ki ōu whakaaro, he aha te kaupapa o ana kōrero? Tuhia te kaupapa. _____

_____

E Kia tere te pānui i ngā kōrero kia mōhio ai he aha te kaupapa o ngā kōrero, ā, kia mōhio ai mehemea e tika ana ōu whakaaro.

I Tuhia kia whā ngā pātai mō ngā kōrero a Tiraroa ka whakaaro koe ka whakautua i roto i āna kōrero.

_____

_____

_____

_____

O Pānuitia anō ngā kōrero kia mōhio ai e whakautua ana ō pātai e whā.

U Āta pānuitia ngā kōrero ināianei, ka whakautu ai i ngā pātai nei:

1 E whā pea ngā kaupapa o ngā korero nei a Tiraroa. Tuhia aua kaupapa.

_____

_____

_____

_____

2 I ahatia te kuia o Tiraroa? _____

3 Nā wai a Tiraroa i whāngai? _____

4 He aha a Te Rangihouhiri? _____

5 I hea te tangihanga mō te kuia o Tiraroa? _____

6 I whakahokia a Tiraroa ki a wai mā? _____

7 Nā wai ia i whakahoki? _____

8 Nā wai i tono kia haere a Tiraroa ki te kura? _____

9 I whakaaetia a Tiraroa e tana kuia ki te haere ki te kura? _____

10 E hia ngā tau o Tiraroa ka tīmata ia ki te haere ki te kura? _____

11 E tata ana te kura ki tōna kāinga? _____

12 He aha ngā mahi a tōna iwi i te wā e tamariki ana ia? _____

13 He nui ngā kai i te wā e tamariki ana a Tiraroa? _____

14 Ki ōu whakaaro, he aha ngā tikanga o ēnei kupu o ngā kōrero a Tiraroa? Kaua e kimihia ngā tikanga i te papakupu (arā, i te tikinare), i ētahi pukapuka rānei, engari, āta tirohia ngā kupu kei mua, kei muri hoki i te kupu i roto i ngā kōrero a Tiraroa.

kūpapa _____

awatea _____

whaitua _____

whakamoemiti _____

Hāhi _____

i te mea _____

tawhiti _____

tāpu _____

repo _____

rūmaki _____

tīni _____

Te mahi 78

He kaituhi koe i te nūpepa Māori. I te ata nei i kite koe i ētahi tāngata e tāhae ana i ētahi taonga i tētahi toa. I a koe e mātakitaki ana i a rātou ka tuhi koe i ētahi kōrero, engari, he kupu noa iho i tuhia i runga i te whāwhai. Kua reri koe ināianei ki te tuhi i ngā kōrero katoa mō ngā mea i kite koe, kia tukuna ki te nūpepa. Kei te hiahia koe kia ngahau ngā kōrero. Nō reira, ka tāpirihia ētahi kōrero me ētahi whakaaro ki ngā mea i kitea e koe. Kei te whārangi 64 ngā kupu i tuhia e koe:

> 10.30. 3 tāngata – Pākehā.
> 2 e mātakitaki ana.
> 1 e tāhae ana.
> Wati x 3, whakakai x ?5, mōhiti x ?8.
> Motokā pākākā, taraiwa – wahine.
> Whakatemoana.
> Kāore he pirihimana.
> Whiti te rā.
> Ngā kākahu – pōtae, hākete.

Te mahi 79

Tirohia te whakaahua kei te whārangi 65, ka pānui ai i ngā kōrero e whai ake nei. Tuhia ngā mea o ngā kōrero kāore i te rite ki te whakaahua. Kei te whārangi 108 me te whārangi 109 o *Te Kākano* ētahi momo kōrero hei āwhina i a koe ki te whakaoti i tēnei mahi. Kimihia kia waru ngā mea kāore e rite ana.

Te wāhanga tuaiwa 65

I a au e tamariki ana he roto e tata ana ki tō mātou tāone. He kōwhai me ētahi rākau māori e tipu ana i te taha o taua roto, ā, he pāmu hipi i ngā puke, engari, he ngahere kei runga i ngā tihi o ngā puke, kei ngā taha hoki o ngā awa e rere mai ana i ngā puke ki te roto. He mā te wai o te roto. Nō reira, he wāhi ātaahua mō te haere ki te kai, ki te kaukau i ngā rangi mahana. He maha ngā manu e tangi ana, he karoro e rere ana me ngā kererū i ngā rākau māori e kai ana.

I tētahi rā ka tae mai tō mātou whānau ki reira ki te kaukau, ki te whakatā, ki te tunu i ētahi kai. Nā tō mātou matua ā mātou kai i tunu. Ka tae mātou ki reira, ka whakatūria tō mātou tēneti e mātou, ā, ka tīkina he wahie e tō mātou matua hei tunu i ngā kai. I waiho tō mātou taraka ki tahaki. I oma atu mātou ko aku tuāhine me aku tēina ki te kaukau, ā, i te nuinga o te wā i roto mātou i te wai e tākaro ana, he wera nō te rā. Ahakoa te wera o te rā, kāore he pōtae tō tō mātou matua i taua rā - i wareware i a ia, engari, he hamarara rahi mō tō mātou whaea rāua ko tō mātou tipuna wahine kei wera rāua i te rā. I wareware ō mātou tauera i a mātou i taua rangi.

He rangi ngahau taua rā, ā, kāore e wareware i a au nō te mea koia rā te rā whakamutunga e ora ana tō mātou kuia. I mate ia i taua pō.

1 _____
2 _____
3 _____
4 _____
5 _____
6 _____
7 _____
8 _____

Te wāhanga tuaiwa

Te mahi 80

Whakautua mai koa ngā pātai nei. Kei ngā whārangi 108 ki te 110 o *Te Kākano* ngā momo kōrero hei āwhina i a koe ki te whakaoti i tēnei mahi.

1 Kāore he kīngi tō ngā iwi o Ahitereiria? _____

2 Kāore he kīngi tō ngā iwi o ngā moutere o Tonga? _____

3 Kāore he taro ā ngā iwi Māori i mua o te taenga mai o te Pākehā? _____
_____

4 Kāore anō te reo māori o Hawai'i kia mate, nē rā? _____

5 Kāore he tamariki ā Te Atairangikaahu rāua ko Whatumoana? _____
_____

6 Kāore he maunga tapu ō ngā iwi o Waikato, nē rā? _____

7 Kāore he huia e ora ana ināianei? _____

8 Kāore he rīwai ā ngā iwi Māori i mua o te taenga mai o te Pākehā? _____
_____

9 Kāore Te Tiriti o Waitangi i hainatia e ngā rangatira o Ngāi Tahu? _____
_____

10 Kāore he kupu ō te reo Māori mō te ika e kīa nei he 'snapper' i roto i te reo Pākehā?
_____

Te wāhanga tekau

Te mahi 81

Te kimi i ngā tikanga o ngā kupu hou
Guessing the meanings of new words

By this stage of the course you will know enough Māori to begin using strategies to deduce the meanings of new words from the context in which they occur. If you develop strategies to do this, rather than rushing immediately to a dictionary, you are more likely to remember the new word once you have worked out its meaning. One way to do this is to follow the steps below when you encounter an unfamiliar word in a Māori text.

Let's use this sentence as an example: **Ka hoki ngā tāngata me ā rātou manu ki te puni moe ai**.

1. No doubt you will know all the words in this sample sentence except for **puni**. Look at the new word and decide how it is being used in the sentence. You will know immediately that it is not a place name or the name of a person or tribe because it does not have a capital letter.

2. Do the words immediately before the unknown word suggest what class of word it is? By looking at the words before **puni** you will know that it does not belong to the same class of words as **runga**, **tātahi**, etc. because they would come straight after **ki** without **te**. Further confirmation that it is not a person's name is the absence of **a** before **te puni** after **ki**. This means that **puni** is either a noun or a verb.

3. Do the words after the unknown word help? You will know from Chapter 10 of *Te Kākano* that the use of **moe ai** in this part of the sentence is only used following information giving location. Therefore, **puni** must be a noun for some type of location because there is nothing else in the sentence indicating location.

4. Check that you are right about the class of word by using another noun that indicates location where the people might sleep (e.g. **whare**).

5. Is there anything else from the context of the word to help you? The fact that the people and their birds are going back (**hoki**) to the **puni** may narrow down the meaning for you further. If you had a longer narrative to go with the sentence there may have been other clues to the meaning as well.

6. Sometimes affixes and suffixes may indicate the class of word. For example, **whaka-** and **-tia** will indicate a word is an ordinary verb. In our example these are not used.

7. It's also worth saying the word out loud to check that it is not a borrowed word from English or that it is not similar to another Māori word which would suggest a dialectal variation. Again, neither of these strategies help with our word **puni**. You may also know **whare puni** for a meeting house. Does this help? There may be other help from illustrations or your own knowledge of the topic. What do you think **puni** means now? Have a guess.

> 8 Now is the time to check the meaning of the word in a dictionary or to ask someone who is likely to know its meaning. If you check **puni** in Williams' *Dictionary of the Maori Language* you will find eight different meanings for this word but you will be able to discount four of these immediately because they are not for nouns. It will then become apparent that the only likely meaning for **puni** in the context of our sentence is 'place of encampment'. Did you guess this meaning?
>
> Try using this method for the new words in the following exercises and whenever you encounter new words.

Whāia mai koa ngā tohutohu nei mō ngā kōrero a Piriwhāriki Tahapeehi i tāia tuatahitia i te pukapuka *Kaumātua: Anō te Ātaahua*.

A He aha tō mōhio mō Tūrangawaewae? Kei hea taua wāhi? He aha ngā mahi hei whakahaere i taua wāhi? Tuhia ngā mea kei te mōhio koe. _____

E Ki tō whakaaro, he aha te kaupapa o ngā kōrero e whai ake nei? Kaua e pānuitia ngā kōrero i tēnei wā, engari, tirohia anake te upoko. _____

I Kia tere tō pānui i ngā kōrero nei a tētahi kuia i whānau mai ai i te tau 1918. Nō Waikato tēnei kuia. Kimihia ngā whakautu ki ngā pātai nei:

1   Nā wai ngā kōrero nei? _____
2   I mahi ia i hea? _____

O Pānuitia ngā kōrero katoa ināianei. Kimihia ngā whakautu ki ngā pātai nei:

3   Ko wai mā ngā mātua o te kuia? _____
4   I kuraina ia ki hea? _____
5   He aha āna mahi i te marae o Tūrangawaewae? _____
6   Tokohia āna tamariki? _____

U Ki tō mōhio, he aha ngā kupu Pākehā mō ngā tikanga o ēnei kupu a te kuia nei? Kaua e kimihia ngā tikanga i te papakupu (arā, i te tikinare), i ētahi atu pukapuka rānei, engari, āta tirohia ngā kupu kei mua, kei muri hoki i te kupu i roto i ngā kōrero a te kuia nei.

(i) tua atu i tēnā _____   pēne paraihe _____

meinga _____   Kāti _____

mahi tukutuku _____   poukai _____

huri haere _____   whiwhinga _____

Piriwhāriki (Runi) Tahapeehi

Ko Paraire Herewini rāua ko Kirimaaku Wharekura ōku mātua. He kāmura te mahi a tōku matua, ā, tua atu i tēnā ko ia anō hoki te kaiwhakaako o tō mātou pēne paraihe. I kuraina au ki te kura Māori o Rākaumanga, ā, muri i tēnā ka haere au ki te Kura o Kuīni Wikitōria mō ngā Kōtiro Māori i Ākarana. I te mutunga o taku kura, ka meinga au e taku tupuna kia haere au ki te mahi i te marae o Tūrangawaewae. Kāti, ko āku mahi i reira, he whakareri i te marae mō ngā manuhiri, he mahi i ngā moenga me te tunu i ngā kai. Ko tētahi mahi pai anō ki a au i reira, ko te mahi tukutuku me te whāriki. Kāore i mutu mai taku haere ki ngā poukai, huri haere ai i ngā marae o Tainui. I taku moenga i taku tāne me taku whiwhinga i taku tamaiti, i mau tonu taku noho i Tūrangawaewae ki te āwhina i ngā mahi o te marae.

Te mahi 82

Pānuitia anō ngā kōrero mō ngā kākahu e tika ana mō te pōhiri i Te mahi tekau mā iwa o tēnei pukapuka, ka āta titiro ai i ngā whakaahua mai i te whārangi 122 ki te whārangi 128 o *Te Kākano*. He aha ngā kākahu e kōrerohia ana i te whiti tuatahi kāore e whakaaturia ana i ngā whakaahua tekau mā toru?

Te mahi 83

He whakamārama

In the last exercise for **Te wāhanga tuarima** of this study guide the position of modifiers, and in particular adjectives, was discussed and practised. A modifier adds further information about the word that precedes it. In the same way, clauses may be used to modify a noun, e.g. **Koia nei te wāhi i tū ai te tōtara**. (This is the place where the tōtara tree stood.) In this example, the underlined part adds information about **wāhi** (place) and is called a 'relative clause'.

This type of relative clause is explained on page 120 of *Te Kākano* and the following exercise gives you practice in using it.

70 Te wāhanga tekau

Whakakotahitia ngā rerenga kōrero e rua.

1. E titiro ana te koroua ki te pēne paraihe. Ka purei te pēne i te pōhiri ākuanei.

    E titiro ana te koroua ki te pēne e purei ai i te pōhiri ākuanei.

2. Ko tēnei te whare. I hangaia tēnei whare e Piri Poutapu. _____

3. Ko Tīmoti Kāretu tērā tangata. E tū mai ana ia i te taha o te pou haki. _____

4. Arā te waka rererangi. Ka rere atu taua waka rererangi ki Ingarangi āpōpō. _____

5. Koia nā tō rorohiko. I hokona tēnā rorohiko e Te Whare Wānanga. _____

6. Ko tēnei te ngahere. I huna ngā taitamariki i roto i tēnei ngahere. _____

7. Ko Ngāi Tahu te iwi. Ka manaaki mai rātou i a mātou ā tērā tau. _____

8. Kua kitea te paihikara. I tāhaetia taua paihikara e te tangata weriweri. _____

9. Koia nei te rā. Ka whakanuia a Te Wharehuia e mātou i te rā nei. _____

10. He tawhito te pū? I pūhia te tia ki taua pū. _____

11. Ko waipapa te marae. E tū ana tā mātou hui ki reira i tēnei wā. _____

12. Kua whakaritea te rā. Ka whakatuwheratia tō rātou wharenui i taua rā. _____

Te wāhanga tekau 71

Te mahi 84

Whāia mai koa ngā tohutohu nei.

1. He aha tō mōhio mō Te Rauparaha? Tuhia ngā mea e mōhio ana koe.

2. Tuhia ngā mea e hiahia ana koe ki te mōhio mō Te Rauparaha.

3. Ki tō whakaaro, he aha te kaupapa o ngā kōrero mō Te Rauparaha? Taihoa e pānui i ngā kōrero, engari, tirohia anake te upoko, te whakaahua me te mapi.

4. Kia tere tō pānui i ngā kōrero. Tohungia ngā mea o 1 me 2 i tuhia ai e koe kei roto i ngā kōrero nei.

5. Tuhia ngā ingoa o ngā iwi o ngā kōrero nei i te wā e tamariki ana a Te Rauparaha ki ngā rohe i runga i te mapi.

6. Pānuitia ngā kōrero katoa ināianei. Tuhia i runga i te mapi ngā haerenga o Te Rauparaha me Ngāti Toa me ngā tau o aua haerenga.

7. Tuhia kia waru ngā pātai mō ngā kōrero mō Te Rauparaha, ka hoatu ai ki tētahi akonga o tō koutou karaehe. Māna e whakautu.

_____

_____

_____

_____

_____

_____

8 Tohungia ngā tūmahi hāngū (arā, ngā kupumahi hāngū) o ngā kōrero nei ki te pene whero, arā, rūritia ngā passive verbs.

9 Tohungia ngā tūāhua (arā, ngā kupumahi āhua) o ngā kōrero nei ki te pene kikorangi, arā, rūritia ngā statives.

10 Pānuitia ngā kōrero mō Te Rauparaha mō te kotahi meneti. Ka pau te meneti kotahi tuhia te nama 1 i te taha o te kupu e pānuitia ana e koe i taua wā. Me hoki ki te tīmatanga o ngā kōrero mō Te Rauparaha, ka pānuitia anō mō te kotahi meneti. Tuhia te nama 2 i te taha o te kupu e pānuitia ana e koe i te mutunga o te kotahi meneti. Kia rima pea ō pānuitanga i ngā kōrero.

Te Rauparaha

He uri nō Hoturoa o Tainui waka a Te Rauparaha, ā, nō Ngāti Toa tōna matua, nō Ngāti Raukawa tōna whaea. Ki ētahi kōrero, e tamariki ana ia i te wā i tae mai ai a Kāpene Kuki mā ki Aotearoa nei. Mehemea kei te tika tēnei, nō te tau 1760 pea a Te Rauparaha i whānau ai. Kāore i te mōhiotia mehemea i whānau ia ki Kāwhia, ki te kāinga rānei o tōna whaea i Maungatautari. I ngā tau whakamutunga o te rau tau 1700–1799 e whawhaitia ana ngā whenua o Ngāti Toa e tata ana ki Kāwhia.

I Maungatautari a Te Rauparaha i te wā e mate ana a Hape-ki-tū-ā-rangi, rangatira o Ngāti Raukawa, ā, ka riro i a Te Rauparaha te mana hei rangatira mō rātou.

I ngā tau atu i te tau 1810 ki te tau 1815 i a Ngāti Maru i Hauraki a Te Rauparaha. I reira ka riro i a ia tana pū tuatahi.

Ko Te Rauparaha, he rangatira nō Ngāti Toa me Ngāti Raukawa

Te wāhanga tekau

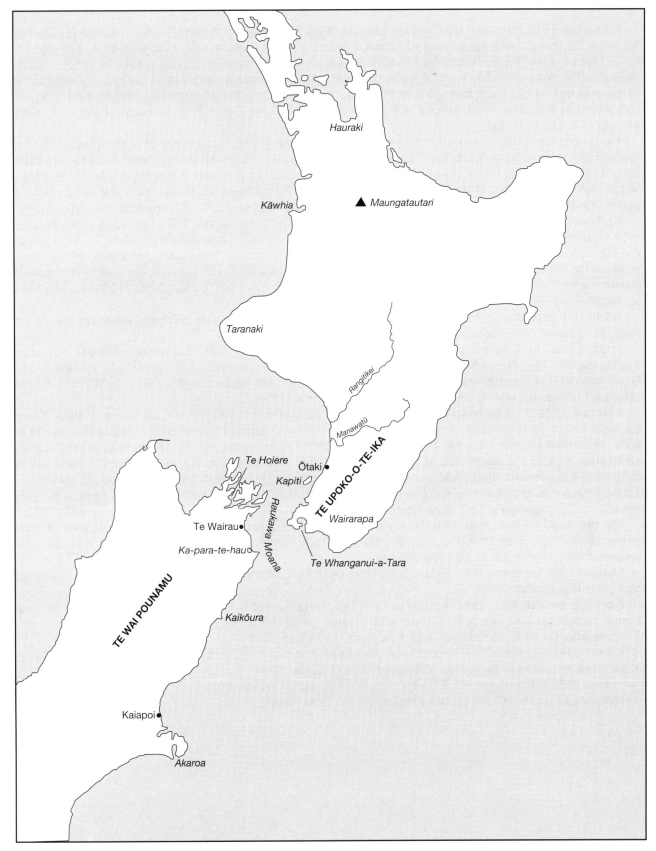

Ngā haerenga o Te Rauparaha me Ngāti Toa

Nō te tau 1819 ka haere mai ngā rangatira o Ngā Puhi me Ngāti Whātua, ka tae mai ki Kāwhia, ka uru a Te Rauparaha mā ki roto i te tauā. I patua a Ngāti Maru o Taranaki e te tauā, ā, ka haere ki Te Upoko-o-te-ika, ki Raukawa Moana. Ka whawhai ki a Ngāti Ira o reira. Ka kite rātou i tētahi kaipuke i Te Whanganui-a-Tara, ā, ka whakaaro a Te Rauparaha he pai taua takiwā hei kāinga mō rātou, hei hoko hoki i ngā taonga a te Pākehā. Ka hoki mai, ā, ka whawhai ki a Ngāti Apa. Ka hoki mai rātou ki Kāwhia, ā, ka tukuna e Ngā Puhi ētahi pū ki a Ngāti Toa, ā, ka hoki atu ki ō rātou kāinga i Te Tai Tokerau.

Ka tīmata anō ngā whawhai a ngā toa o Waikato me Ngāti Maniapoto ki a Te Rauparaha me Ngāti Toa, ā, ka heke a Ngāti Toa i Kāwhia ki ō rātou hoa, ki a Te Āti Awa i Taranaki. I te tau 1822, ka mahue a Taranaki i a Te Rauparaha mā, ka heke mai ki te moutere o Kapiti. Ka tae ki te awa o Manawatū ka whawhai ki ngā iwi o taua takiwā, ki a Rangitāne me Muaūpoko. Ka patua ētahi o ngā tamariki a Te Rauparaha e Muaūpoko. Nō reira, ka kimi utu a Te Rauparaha me tana iwi.

Ka haere a Te Rauparaha me tana iwi ki Kapiti moutere. Nō te tau 1824 i maranga ake ngā iwi o Te Upoko-o-te-ika ki te patu i a Ngāti Toa. Ko aua iwi ko Ngāti Apa, ko Rangitāne, ko Muaūpoko me Ngāti Kahungunu ki Wairarapa. Ka haere rātou mā runga i ō rātou waka tauā ki Kapiti, engari, ahakoa he tokomaha ngā toa, kāore i taea a Ngāti Toa e aua iwi te patu, ā, ka riro te moutere o Kapiti me ngā whenua mai i Rangitīkei ki Te Whanganui-a-Tara i a Te Rauparaha rātou ko tōna iwi, ko Ngāti Toa.

Nō te tau 1825, ka tīmata te haere mai o ngā hoa o Ngāti Toa, arā, o Ngāti Raukawa me Te Āti Awa, ki te noho i taua whenua.

I te tau 1827 ka tīmata ngā whawhai ki ngā iwi o Te Wai Pounamu. Ka whakawhiti atu te tauā a Te Rauparaha i Raukawa Moana, ka patua a Rangitāne ki Te Wairau, a Ngāti Kuia ki Te Hoiere me Ngāi Tahu ki Kaikōura, engari, i Kaiapoi i patua a Te Pēhi me ētahi o Ngāti Toa e Ngāi Tahu. Kāore taua pā i hinga. Ka hoki a Te Rauparaha me tana ope ki Kapiti.

I te tau 1829 ka haere anō te ope tauā a Te Rauparaha ki Kaikōura, ka mate a Ngāi Tahu. Ka hoki anō a Te Rauparaha me ana toa i te tau 1830 mā runga i te kaipuke o tētahi Pākehā ki te patu i a Tama-i-hara-nui. He rangatira nō Ngāi Tahu a Tama-i-hara-nui. Ka tae te kaipuke ki Akaroa, ka hunaia ngā toa o Ngāti Toa e te kāpene Pākehā o te kaipuke. Ka eke a Tama-i-hara-nui ki runga i te kaipuke, ka mau i a Ngāti Toa. Ka patua ngā tāngata o ngā pā e rua o reira, ā, ka haria a Tama-i-hara-nui rāua ko tana wahine ki Kapiti, ā, ka patua a Tama-i-hara-nui e te wahine a Te Pēhi hei utu mō te patunga o Te Pēhi e Ngāi Tahu.

I te tau 1830 ka hoki anō a Te Rauparaha me tana tauā ki te patu i a Ngāi Tahu, ā, ka maranga ake a Rangitāne, a Ngāti Kuia, a Ngāi Tara me Ngāi Tūmatakōkiri ki te whawhai ki a Ngāti Toa, engari, i hinga rātou i a Te Rauparaha mā.

I te tau 1832 ka tonoa e Te Rauparaha tana tauā ki Kaikōura, ki Kaiapoi me Akaroa, ā, ka hinga ngā pā o Ngāi Tahu.

Ko 1833 pea te tau i tata mau ai a Te Rauparaha i a Ngāi Tahu o Ōtākou, i Ka-para-te-hau. I mate te nuinga o te ope a Te Rauparaha, engari, i kauhoe a Te Rauparaha ki te moana, ka ora.

I hainatia Te Tiriti o Waitangi e Te Rauparaha i te tau 1840.

Ka mau hereherea a Te Rauparaha e Hōri Kerei i te tau 1846, ā, ka haria ki Tāmaki-makau-rau, ā, ka whakaaetia ia ki te hoki ki tōna iwi i Ōtaki i te tau 1848.

I mate a Te Rauparaha i te 27 o Noema i te tau 1849, ka tanumia ki te taha o te whare karakia o Rangiātea i Ōtaki. Kāore e kore i hahua ka haria ki Kapiti.

Ngā whakautu

Te wahanga tuatahi

Te mahi 1

Ko Tiki: Tēnā koe, e hine.
Ko Hana: Tēnā koe, e hoa.
Ko Tiki: Kei te pēhea koe?
Ko Hana: Ka nui te pai.
Ko Tiki: Ko Tiki taku ingoa. Ko wai tō ingoa?
Ko Hana: Ko Hana taku ingoa. Ko wai tō ingoa whānau?
Ko Tiki: Ko Hoani Mākarini taku matua. Ko ia te tumuaki o taku kura. Ko wai mā ō mātua, e Hana?
Ko Hana: Ko Māta rāua ko Eruera Manihera aku mātua. Nō Ngāti Maniapoto rāua. Ko wai te ingoa o tō hoa?
Ko Tiki: Ko Mākere tana ingoa. Nō Ngāti Tūwharetoa tana whānau. Kei Te Whanganui-a-Tara tana kāinga ināianei. Tokorua ana tungāne. Kei hea tō kāinga, e Hana?
Ko Hana: Kei Ōtepoti taku kāinga ināianei. Nō hea koe, e Tiki?
Ko Tiki: Nō Te Whānau-a-Apanui taku whaea, nō Te Whakatōhea taku matua. E Hana, tokohia ō tungāne?
Ko Hana: Kāore aku tungāne, engari, tokotoru aku tuākana, kotahi taku teina.

Te mahi 2

Tokorima ngā tamariki a Eruera. Ko Eruera te tāne a Maraea. Nō Tāmaki-makau-rau rāua, nō Ngāti Whātua. Tokorua ngā tēina o Maraea, kotahi tana tuakana. Ko Maihi te hoa o Eruera. Tokomaha ngā uri o Maraea rāua ko Eruera. Ko Tīwai te mātāmua o te whānau a Maraea rāua ko Eruera. He tāne ia. Ko Peti te wahine a Tīwai. Nō reira, ko Peti te hunaonga a Maraea rāua ko Eruera. Ko Timi mā ngā tēina o Tīwai. Kotahi te tuahine o Timi rātou ko Tīwai mā. Tokowhā ngā tamariki a Peti rāua ko Tīwai. Nō reira, ko Maraea rāua ko Eruera ngā tūpuna o ngā tamariki a Peti rāua ko Tīwai.

Te mahi 4

| taku | Ko | taku | o | ingoa | Tokorima |
| ināianei | Nō | nō | Kotahi | Tokorua | ia |

Te mahi 7

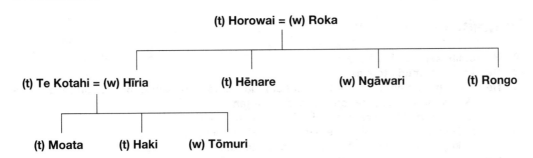

```
              (t) Horowai = (w) Roka
                       |
        ┌──────────────┼──────────────┬──────────────┐
(t) Te Kotahi = (w) Hīria   (t) Hēnare   (w) Ngāwari   (t) Rongo
        |
   ┌────┼────┐
(t) Moata  (t) Haki  (w) Tōmuri
```

Te wāhanga tuarua

Te mahi 10

Tēnā koe. Nō Tūranga māua, engari kei Ōtepoti māua e noho ana ināianei. Kei te ako māua i te reo Māori i Te Whare Wānanga. Kei te haere mātou ko Paora ki ngā toa ki te hoko taonga. Tokotoru mātou kei te haere ki ngā toa. Kei te haere mātou ki te kite i tētahi hoa i te hōhipera. Kei te māuiui ia. Ko Hana tana ingoa. Nō Ngāti Kahungunu ia, engari kei Ōtepoti e noho ana ināianei. E whitu tekau mā iwa ana tau. Kei te haere mātou ki tātahi ki te whakatā, ki te omaoma, ki te kaukau hoki. Hei konā rā.

Te mahi 11

Kei te mihi a Hoani ki ana hoa, 'Tēnā koutou, e kare mā. Kei te pēhea koutou?'
    Kei te whakautu a Irihāpeti, 'Ka nui te pai, e hoa. Me koe, Hoani?'
    'Kei te pērā tonu, e hine. Kei te haere koutou ki hea?'
    Kei te whakautu a Hēnare, 'Ki te marae.'
    'Ki te aha?'
    'Ki te whakatika i te wharenui me ngā whare paku. Kei te haere mai a Ngāti Porou ki te hui.'
    Kei te pātai a Hoani, 'Tokohia rātou kei te haere mai?'
    'E whā tekau. Kei te tangihanga i Tūranga rātou ināianei.'
    Kei te kī a Hoani, 'Me haere ahau. E noho rā, e kare mā.'
    'Āe. Haere rā, e hoa.'

Te mahi 12

1 He kēmihi	2 He koroua	3 He kuia	4 He toa
5 He kōtiro	6 He tamaiti tāne	7 He pēpi/pēpe	8 He tangata
9 He rīwai/He pēke rīwai	10 He manu	11 He tuanui	12 He rākau

Te mahi 13

2 Kei mua te koroua i te kēmihi./Kei waho te koroua i te kēmihi.
3 Kei mua te kuia i te kēmihi./Kei waho te kuia i te kēmihi.
4 Kei muri te toa i te kōtiro me te tamaiti tāne.
5 Kei mua te kōtiro i te toa./Kei waho te kōtiro i te toa.
6 Kei mua te tamaiti tāne i te toa./Kei waho te tamaiti tāne i te toa.
7 Kei mua te pēpi i te toa./Kei waho te pēpe i te toa.
8 Kei roto te tangata i te toa.
9 Kei mua ngā pēke rīwai i te toa./Kei waho ngā pēke rīwai i te toa.
10 Kei runga te manu i te tuanui (o te toa).
11 Kei runga te tuanui i te toa./Kei raro te tuanui i te manu.
12 Kei muri te rākau i te toa.

Te mahi 14

2 He kēmihi kei muri i te koroua.
3 He kēmihi kei muri i te kuia.
4 He kōtiro, he tamaiti tāne me te pēpi kei mua i te toa./He kōtiro, he tamaiti tāne me te pēpe kei waho i te toa./He toa kei muri i ngā tamariki.
5 He toa kei muri i te kōtiro./He kōtiro kei mua i te toa.
6 He toa kei muri i te tamaiti tāne./He tamaiti tāne kei mua i te toa.
7 He toa kei muri i te pēpe./He pēpi kei mua i te toa.
8 He wahine kei mua i te tangata./He tangata kei roto i te toa.
9 He toa kei muri i ngā pēke rīwai./He pēke rīwai kei mua i te toa.
10 He tuanui kei raro i te manu./He manu kei runga i te tuanui.
11 He toa kei raro i te tuanui./He tuanui kei runga i te toa.
12 He toa kei mua i te rākau./He rākau kei muri i te toa.

Ngā whakautu   WH 3

Te mahi 15

| rātou | ia | ia | rāua/ia | rāua | ia |
| rāua | rātou | ia | ia | ia | |

Te mahi 16

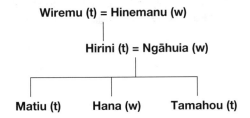

Wiremu (t) = Hinemanu (w)
|
Hirini (t) = Ngāhuia (w)

Matiu (t)   Hana (w)   Tamahou (t)

Te mahi 17

1. Kei te tāone rātou.
2. Tokowhitu./Tokowhitu ngā tāngata me ngā tamariki kei roto i te whakaahua.
3. Kotahi./Kotahi te rākau o te whakaahua.
4. Kāore./Kāo./Kāore he nanekoti kei roto i te whakaahua.
5. Ko Tamahou./Ko Tamahou tana ingoa.
6. Kei runga i te tuanui o te toa./Kei runga te manu i te tuanui o te toa.
7. Ko Hirini me te wahine./Ko Hirini me te wahine kei roto i te toa.
8. Kei te kāinga ia./Kei te kāinga tana wahine.
9. Ko Ngāhuia./Ko Ngāhuia tana ingoa.
10. Kei waho rātou i te toa./Kei waho i te toa./Kei mua i te toa.
11. Kei mua i te toa./Kei mua ngā pēke rīwai i te toa.
12. Ko Hirini./ Ko Hirini tā rāua tama.

Te mahi 18

kotahi 1	rua 2
tekau 10	tekau mā rua 12
kotahi rau 100	rua tekau 20
3 toru	tekau mā whā 14
13 tekau mā toru	whā tekau mā rima 45
30 toru tekau	rima tekau mā whā 54
5 rima	tekau mā ono 16
15 tekau mā rima	rua tekau mā ono 26
50 rima tekau	ono tekau mā tahi 61
7 whitu	tekau mā waru 18
17 tekau mā whitu	waru tekau mā whitu 87
78 whitu tekau mā waru	iwa tekau mā waru 98
19 tekau mā iwa	40 whā tekau
90 iwa tekau	65 ono tekau mā rima
99 iwa tekau mā iwa	82 waru tekau mā rua

Ngā whakautu

Te mahi 19

1 rātou   Ko Hēnare rātou ko Tīpene, ko Rangi, ko Mihi, ko Piri, ko Hārata.
2 tana   Ko Hōri Takutai.
3 tana   Ko Hōri Takutai.
4 ia   Ko Māia.
5 mā   Ko Tīpene rātou ko Rangi, ko Mihi, ko Piri, ko Hārata.
6 mā   Ko Hēnare rātou ko Rangi, ko Mihi, ko Piri, ko Hārata.
7 koutou   Ko Hēnare rātou ko Tīpene, ko Rangi, ko Mihi, ko Piri, ko Hārata.
8 koe   Ko Hōri Takutai.
9 mātou   Ko Hēnare rātou ko Tīpene, ko Rangi, ko Mihi, Piri, ko Hārata.
10 ia   Ko Māia.

Te mahi 20

| 1 whakatika | 2 noho | 3 kaukau | 4 ako | 5 kōrero |
| 6 hoko | 7 moe | 8 hoki | 9 hī | 10 kai |

Te mahi 21

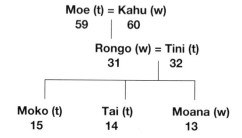

Te mahi 22

3   Tokohia ngā tamariki a Hetaraka rāua ko Te Rina?
4   E hia ngā tau o te mātāmua a Hetaraka rāua ko Te Rina?
5   E hia ngā tau o Te Rina?
6   Tokohia ngā tama a Hetaraka rāua ko Te Rina?
7   E hia ngā tau o te pōtiki a Hetaraka rāua ko Te Rina?
8   Tokohia ngā tamāhine a Hetaraka rāua ko Te Rina?
9   Tokohia ngā whāngai a Hetaraka rāua ko Te Rina?

Te mahi 23

| 1 o | 2 o, o | 3 o | 4 a | 5 o | 6 o, a |
| 7 o | 8 o, o | 9 a, a | 10 o, a | 11 o, a | 12 o |

Te wāhanga tuatoru

Te mahi 24

Tēnā koe, kei te pēhea <u>koe</u>?
Tēnā koe, kei te pai <u>ahau</u>.
Nō <u>hea</u> koe?
Nō Te Whare Wānanga o <u>Waikato</u>.

Kia ora rā, e pēwhea ana?
Kia <u>ora</u> rā, e pai ana.
Nō hea <u>koe</u>?
Nō Tūrangawaewae <u>au</u>.

Kei te aha?
Kei te pai.
Nō hea koe?
Nō te rohe o Waiapu (2x)
Ka mau te wehi.

Te mahi 26

1. He aha te tāima?
2. Kei hea aku hū?
3. I hea tō koti?
4. He aha te tāima i hoki mai ai koutou ki te kāinga?
5. I hea koutou i te Rāhoroi?
6. Kei te haere kōrua ki hea?
7. Tokohia ngā tāngata e haere ana ki te whare karakia?
8. Nō hea koutou?
9. He aha te tāima i maranga ai rāua?
10. Ko wai mā i tae ki te hui?

Te mahi 27

1. Kei mua i te wharenui./Kei te taha o te wharenui./Kei te marae rātou.
2. Kei waho i te kēti o te marae.
3. Kei runga i te marae.
4. Kei runga i te tūru.
5. Kei mua i te wharenui./Kei runga i te marae.
6. I roto i te wharekai.
7. Rua karaka te tāima.
8. Kei te whai ia i te kurī.
9. Tekau mā whitu ngā tāngata.
10. E rima ngā tūru mō rātou.

Te mahi 28

- Kua tae mai te manuhiri ki te kēti o te marae.
- Kua haere te tangata whenua ki mua o te wharenui.
- Kua noho te koroua ki runga i te tūru.
- Kua hari mai ngā tāngata i ngā tūru ki runga i te marae.
- Kua oma te kurī ki runga i te marae.
- Kua whai te tangata i te kurī.
- Kua rua karaka te tāima.
- Kua tū te tangata whenua ki te pōhiri i te manuhiri.
- Kua reri te kuia ki te karanga ki te manuhiri.

Te mahi 29

1. I te marae ahau.
2. I pōhiri mātou i te manuhiri.
3. Nō te rua karaka.
4. I whai au i te kurī i oma mai ai ki runga i te marae.
5. Āe, nāku i whai.
6. Nā ngā tāngata o te marae.
7. E rua tekau.
8. Nā te kuia.

Te mahi 30

1. Nō te tekau karaka rātou i tae mai ai ki te marae.
2. Nō te hāpāhi i te tahi karaka rātou i tae mai ai ki waho o te marae.

Ngā whakautu

3 Nā ngā wāhine me ngā tamariki o te tangata whenua.
4 Nā Tāne mā.
5 Nā Tāne.
6 Ko Ani.
7 Nā Ani.
8 Nā Te Hererīpene mā.
9 He parāoa rēwena, he pihikete me ngā keke.
10 Kei te māuiui ia./Kua māuiui ia.
11 Kei mua i te wharenui rātou./Kei te taha o te wharenui rātou.
12 Kei mua ia i te wharenui.
13 I runga i te marae.
14 Āe, kua whakaeke mai rātou.

Te mahi 31

He inu
wāina	pia	rama	miraka	wai ārani	waipiro

He kai
harore	hupa	hua	kīnaki	merengi	mīere
miraka tepe	parāoa	pēkana	pītiti	raihi	tīhi
purini	paukena	rōpere	riki		

He kākahu
whakakai	hiripa	hū	poraka	pōtae	tātua
tōkena	panekoti	tarau			

He mahi
tunu	horoi	huaki	whakatū	tiki	whakaako
maranga	tākaro	kuhu	heke	kauhoe	hī
tīmata	whakatika				

Te mahi 32

Ko Hāmi: E Pita, e oho! Maranga! Kua reri ngā kai. He tōtiti, he hēki, he pēkana ngā kai mō te parakuihi. Nō reira, kia tere. Ka mātaotao ngā kai.
Ko Pita: He aha te tāima, e hoa?
Ko Hāmi: Kua iwa karaka. He aha te tāima i moe ai koe inapō?
Ko Pita: Nō te tekau mā tahi karaka. I haere au ki te whare wānanga inapō. Nā Aroha ahau i whakahoki mai i te pō nei. Ko ia te whaiāipo a Tāmati. I Pārāwai ia inanahi. Ka hoki mai ia āpōpō.
Ko Hāmi: Maranga, e Pita!
Ko Pita: Kei hea taku tarau? I runga i taku tūru inapō.
Ko Hāmi: Nā Aroha pea i hari atu!

Te mahi 33

1 Nā wai taku motokā i horoi?
2 Nā wai taku kaka i haeana?
3 Nā wai a Ngāhuia rāua ko Aroha i whakahoki ki Kirikiriroa?
4 Nā wai ngā ākonga i whakaako ki te kōrero Māori?
5 Nā wai mā ngā pounamu waina i tiki atu?
6 Nā wai te manuhiri i mihi?
7 Nā wai te kēti i huaki?
8 Nā wai ō pene i tāhae?

Te mahi 34

panekoti	kaka	tarau roa	kaka pango	neketai	hūtu
hākete	pōtae	whakakai			
kahu kiwi	kahu kurī	korowai	kaitaka	whakakai	heitiki
mako	heru	huruhuru manu	kōtuku	huia	toroa

Ngā whakautu   WH 7

Te mahi 35

1 kura   2 te rākau   3 tōtiti   4 koti
5 marae   6 pōtae   7 Te Whare Wānanga   8 rīhi

Te wāhanga tuawhā

Te mahi 36

Instruction translation: Write sentences about these illustrations.
Hei tauira noa
1 Kei te oma atu te tangata i te whare ki te pahi.
2 Kei te haere atu ngā wāhine i te motokā ki te awa.
3 Kua kuhu atu te koroua ki roto i te wharenui.
4 Kei te karanga atu te kuia ki te manuhiri.
5 Kua hoki mai te pahi i te tāone.
6 Kua tae mai a Pita i Taupō.
7 Kei te titiro te kōtiro ki te whakaahua.
8 Kei te waiata ngā tāngata ki ngā tamariki.
9 Kei te tatari rāua ki te pahi.
10 E kata ana a Mihi ki a Mita.

Te mahi 37

Instructions translation: Choose the correct words to fill the gaps. Use each word only once.
1 mōhio   2 mātakitaki   3 patu   4 hari   5 pānui   6 horoi
7 tīmata   8 mihi   9 rongo   10 whakaoho   11 hiahia   12 mahara

Te mahi 38

Instruction translation: Write the right words to fill the gaps.
1 nō   2 nō   3 nā   4 nō   5 nō
6 nō   7 nā   8 nāku   9 nāu   10 nōna

Te mahi 39

1 He iwi.   2 He poraka.   3 He tāmure.   4 He tātua.   5 He kererū.

Te mahi 40

Instructions translation:
A Select from the list below the activities that Wī will do next Monday in the eight time slots shown. Write each activity in one of the boxes.
E Write eight sentences about Wī's schedule next Monday. (See page 46 of **Te Kākano** for the grammatical explanation of the sentence pattern appropriate for this exercise.) Exercise 41 of the tape-recorded exercises practises this sentence pattern.
I Talk to a friend in your class about the eight things Wī will be doing next Monday.

Te mahi 41

Instructions translation: Please follow these instructions.
1 What do you know about Hawai'i? List the things you know.
2 Write down the things you would like to know about the people of that place.
3 What do you think is the topic of the following text? Do not read the text yet, but look only at the title and the map.
4 Quickly read the text. Tick the things you listed in Questions 1 and 2 that appear in the text.
5 Now carefully read the text. List the new things you have learnt about Hawai'i from the text, i.e. write down the things not in your lists.

WH 8 Ngā whakautu

Te mahi 42

Instruction translation: Answer the questions about the illustration.
1. He pirihimana ia.
2. He pōtae pirihimana, he hāte, he tarau me te tātua ana kākahu.
3. Nā te pirihimana ia i hopu.
4. He tāhae ia.
5. I roto rāua i te toa.
6. Kei waho rāua i te toa ināianei.
7. Nā te tamaiti tāne ngā tiakarete i tāhae.
8. Mā runga waka/taraka rāua haere ai ki te whare pirihimana.
9. E rua taara, tekau mā iwa heneti te utu mō te pata.
10. E toru taara, e iwa tekau mā iwa heneti te utu mō te aihikirīmi.
11. Tekau mā toru taara, e rima tekau heneti te utu mō te pia.

Te mahi 43

(1) rāua	(2) Tikitū	(3) tokowaru	(4) reira/ Hawai'i
(5) tae	(6) Ākuhata	(7) Tāite	(8) haere/hiahia/pīrangi
(9) haere	(10) tāra	(11) rātou	(12) rāua
(13) haka	(14) whakarite	(15) haere	(16) whakarite
(17) kākahu	(18) rererangi	(19) reira	(20) noho

Te mahi 44

Instruction translation: Select **a** or **o** as appropriate to fill the gaps.
1 o   2 o, a   3 o   4 a, o   5 a
6 o, o   7 o, o   8 a   9 a, o   10 o, o

Te mahi 45

Instructions translation: Look for an advertisement for a shop (such as New World or Foodtown) that sells food and goods. Then write sentences with the prices for some items. Write about ten sentences. Here is an example:

Te mahi 46

1. Tekau mā whā.
2. E toru rau, e ono tekau mā ono.
3. Kotahi rau, e waru tekau.
4. Kotahi rau.
5. Kotahi rau, e iwa tekau mā rua.
6. E whā.
7. Tekau mā rima.
8. He maha.

Te wāhanga tuarima

Te mahi 47

Instructions translation: The explanations related to this exercise are on pages 52–54 of **Te Kākano**. Write one sentence for the two sentences. Here is an example:
1. Ko tō māua kura terā.
2. Kua ngaro ā tāua pukapuka.
3. Kei hea ō māua koti?
4. Mā runga i ō kōrua motokā mātou haere ai ki Pārāwai.
5. Ā te whitu o Tīhema ō māua whaea hoki mai ai.
6. Nō Te Whakatōhea ō kōrua tīpuna.
7. He kererū ā tāua mōkai.
8. I tatari ngā tāngata ki ō māua pahi.
9. Nāna ā māua kai i tunu.
10. Kei muri ō kōrua pōtae i te kūaha e iri ana.

Ngā whakautu WH 9

Te mahi 48

Instruction translation: Look for the words in the second box that are appropriate to complete the sentences started in the first box.

1 i   2 e   3 ng   4 h   5 m   6 o
7 t   8 r   9 k   10 a   11 p   12 n

Te mahi 49

1 tōna, tōna   2 tā tātou   3 ō rāua   4 tō mātou
5 tō rātou   6 tō rātou   7 tā rāua   8 tō mātou
9 ā mātou   10 tō tātou   11 ā rāua, tā rāua   12 ā koutou, tā koutou

Te mahi 50

Instructions translation: Write sentences to follow these statements. Begin with **Kāore anō**... See page 56 of **Te Kākano** for the grammatical explanations for this exercise. Here is an example:

1 Kāore anō te wai kia hū.
2 Kāore anō ia kia oho.
3 Kāore anō ia kia heu.
4 Kāore anō tā tātou parakuihi kia reri.
5 Kāore anō rātou kia whakaeke ki runga i te marae.
6 Kāore anō ia kia kite i ōna hū.
7 Kāore anō ia kia puta mai i reira.
8 Kāore anō tā tātou hui kia tīmata.
10 Kāore anō ia kia hoki mai i reira.
11 Kāore anō ia kia waiata.
12 Kāore anō rātou kia kati i te kūaha o tō rātou whare.

Te mahi 51

A 1 Paratene Ngata   2 Te Aute   3 waru   4 Ōtautahi
   5 Ngāti Porou   6 tokorima   7 Whare Pāremata   8 toru tekau mā waru
   9 Te Rangihīroa   10 pukapuka   11 waiata   12 mate

E 3 E hia ōna tau i Te Aute?
   4 Kei/I hea Te Whare Wānanga o Waitaha?
   5 Nō hea a Arihia?
   6 Tokohia ā rāua tama?
   7 Ka uru a Āpirana ki hea i te tau 1905?
   8 E hia ana tau i te pāremata?
   9 Ko wai i noho i Hawai'i?
   10 He aha ngā mea nā rāua i tuhi?
   11 He aha ngā mea i puta ai i roto i ngā pukapuka o *Ngā Mōteatea*?
   12 I ahatia a Āpirana Ngata i te 14 o Hūrae i te tau 1950?

Te mahi 52

Instructions translation: See page 57 of **Te Kākano** for the grammatical explanations for this exercise. Write sentences about the illustration on page 39. Use all these words in your sentences.
Hei tauira noa ēnei kōrero:

Kua puta mai he kēhua

Kua <u>tata</u> te tekau karaka. Kua kite ngā tāngata i tētahi kēhua. Kua <u>mataku</u> rātou i te kēhua, ā, kua <u>taka</u> tētahi pukapuka i te kōtiro. Kua <u>taka</u> tētahi kapu i te whaea, ā, kua <u>pakaru</u>. Kua <u>maringi</u> hoki te miraka i taua wahine. Kua <u>mate</u> te koroua. Kua <u>taka</u> tētahi pereti, ā, kua <u>hinga</u> te kuia. Kua <u>kī</u> te pākete i te wai, ā, kua <u>riro</u> ngā tōtiti i te kurī. Kua <u>ngaro</u> tētahi tangata ki waho o te rūma.

WH 10 Ngā whakautu

Te mahi 53

2 He wahine ātaahua tō rātou whaea.
3 Kua pakaru te pereti i te tamaiti weriweri.
4 He akonga pukumahi tā rāua tamaiti.
5 Nā te wahine ō rātou kākahu paruparu i horoi.
6 Kāore anō rātou kia piki i tō rātou maunga tapu.
7 Ira te tangata māngere e takoto ana!
8 Kua mau i a Pita tētahi ika nui./Kua mau tētahi ika nui i a Pita.
9 Kua pau ngā kai reka i ngā tamariki.
10 I rongo rātou i te waiata pārekareka a Ngāti Tūwharetoa.

Te wāhanga tuaono

Te mahi 54

Instructions translation: You should now begin to write in Māori about the interesting things you do each day. You should spend only ten minutes each day on this task. On Fridays you should hand in your journal to your teacher for him or her to read. She or he may respond.

Te mahi 55

A Instructions translation: John and the others are students at university. They live in the same house and Rachel is writing a list of tasks they have to do today. Read this dialogue and write Rachel's list of tasks that each person has to do. Here is what they said.

Hoani	Mārama	Rāhera
pia	parāoa	merengi
pounamu waina (x2)	miraka	ika
hāte hou	rīwai	poaka
	āporo	Kōrero ki taku kaiwhakaako
	tiāmu	Whakahoki pukapuka
	tīkiti mō te kanikani	

E Instruction translation: Write an account of the tasks that John, Mārama and Rachel must do today.
Hei tauira: Mā Hoani te pia me ngā pounamu waina e rua e hoko. Māna hoki tētahi hāte hou e hoko mōna. Mā Mārama te parāoa, te miraka, ngā rīwai, ngā ika, ngā āporo me te tiāmu e hoko. Māna hoki e hoko ngā tīkiti mō te kanikani. Mā Rāhera te merengi, te ika me te poaka e hoko. Me kōrero ia ki tōna kaiwhakaako i te whare wānanga. Māna ngā pukapuka e whakahoki ki te whare pukapuka.

Te mahi 56

1 Utaina te pēke rīwai ki runga i te tēpu!
2 Tīkina atu te pākete rā!
3 Katia mai koa te kūaha!
4 Horoia ō niho!
5 Homai koa te miraka!
6 Purua ērā merengi ki roto i tēnā pouaka!

Te mahi 57

Instructions translation: Here is an account of what Wini and others did last week. During the week prior to these events taking place, a man had a dream. His dream was exactly the same as this account, except that in his dream Wini had two brothers (not one) whose names were Api and Tāmati. The man related the dream to his friend, believing it would all happen last week. Write what the man told his friend. Begin this way: 'Ā te ata o te Tūrei oho ai . . .'

Ngā whakautu

'Ā te ata o te Tūrei oho ai a Wini rātou ko Api, ko Tāmati i te waru karaka. Mā tō rātou whaea rātou e whakaoho. Ka maranga a Wini, engari, ka moe tonu ōna tungāne. He moeroa rāua. Mā Māia rātou e whakahoki mai i te pāpara kāuta ā te pō o te Mane. Mā runga i tōna motokā rātou hoki mai ai i te pāpara kāuta. Ko Māia te whaiāipo a Wini. Nō Ngāti Ranginui me Ngāi Te Rangi ia. Ka tūtaki rāua i te whare wānanga ā te Paraire, ā, ka aroha rāua ki a rāua ā taua pō tonu.

'Mā tō rātou whaea tā rātou parakuihi e tunu, ā, he pēkana, he hēki, he tomato ā rātou kai mō te parakuihi. Ka kai a Wini, ā, ka tatari ia kia puta mai ōna tungāne ki te kai. Māna ngā rīhi me ngā taputapu kai e horoi, māna hoki aua mea e whakamaroke.

'Ka mutu te parakuihi a Api rāua ko Tāmati, ka whakareri rātou ko Wini ki te haere ki te whare wānanga. Kei roto a Wini i tōna rūma, ā, ka kite ia i tētahi ngeru e piki ana i te pakitara o tōna rūma. Ka mataku ia i te ngeru. Ka karanga ia ki ōna tungāne, engari, ka ngaro te ngeru i taua wā tonu. He kēhua pea taua ngeru!'

Te mahi 58

A Instruction translation: Complete the sentences at the end of page 45 about what people can do, or cannot do. See pages 75 and 76 of **Te Kakano** for the grammatical explanations for this exercise.

2 Ka taea e Hāmi te reo Māori te kōrero, engari, kāore e taea e ia te rorohiko te whakamahi.
3 Kāore e taea e te katoa o tēnei rōpū te taraka te taraiwa.
4 Ko Hine anake te tangata o tēnei rōpū kāore e taea te reo Māori te kōrero.
5 Ka taea e te katoa te kauhoe.
6 Ko Hirini anake te tangata o te rōpū kāore e taea te parāoa rēwena te mahi.
7 Ko Mihi rāua ko Waiārani ngā tāngata kāore e taea te kirikiti te tākaro.
8 E rua ngā mahi kāore e taea e Hirini, arā, kāore e taea e ia te parāoa rēwena te mahi me te taraka te taraiwa.

E Instruction translation: Write three sentences, similar to those above, about these five people.

Te mahi 60

A Instructions translation: The following story has been written by a friend of Poia's but without macrons and punctuation. Also, some words have been written incorrectly. Rewrite and correct the story.

I tātahi a Poia rātou ko Tangiwai, ko Te Anga inatahirā. Ka hoki mai rātou ki tō rātou kāinga, ā, ka kite rātou kua ngaro ētahi o ā rātou taputapu. I kuhu mai ētahi tāngata ki roto i tō rātou whare i te ahiahi, ā, nā rātou ngā taputapu a Poia mā i tāhae. Kua ngaro te pouaka whakaata a Poia, te rorohiko me te tīkera hou a Tangiwai, te mīhini whakaata me ngā rīpene whakaata e whitu a Te Anga. Ka riri a Tangiwai mā nō te mea kātahi anō a Poia ka hoko i tana pouaka whakaata.

I waea atu rātou ki ngā pirihimana, ā, ka tae mai rāua inanahi ki te kōrero ki a Poia mā, kia kite hoki i te wāhi i kuhu mai ai ngā tāhae ki roto i te whare. Ka pātai tētahi pirihimana, 'He aha te tāima i haere ai koutou ki tātahi?'

Ka whakautu a Tangiwai, 'Tekau karaka. I hoki mai mātou i te rima karaka pea. Ka hoki mai mātou, e huaki ana te kūaha o muri.'

. . .

E Instruction translation: Write your own ending to Poia's friend's account.

Te mahi 61

1 Hei tapahi i te parāoa.
2 Hei tunu i ngā hēki.
3 Hei horoi i te whāriki.
4 Hei hoko i te pata.
5 Hei taraiwa i te motokā.
6 Hei whakamaroke i ngā rīhi.
7 Hei mahi i te kapu tī.
8 Hei tunu i ngā kai.
9 Hei tunu i ngā hēki.
10 Hei whāngai i te whānau.
11 Mā te kōtiro te pata e hoko mai.
12 Mā te wahine ngā hēki e tunu.
13 Mā te tangata te parāoa e tapahi.
14 Mā te tamaiti tāne te whāriki e horoi.

WH 12   Ngā whakautu

Te mahi 62

1	Rakiura	2	Murihiku
3	Te Ara-a-Kiwa (Kewa)	4	Muaupoko
5	Te Tiritiri-o-te-moana	6	Horomaka
7	Te Tai Poutini	8	Kā Pākihi-whakatekateka-a-Waitaha
9	Te Whakataka-kārehu-a-Tamatea	10	Kā Puna-karikari-a-Rākaihautū
11	Te Tai-o-Araiteuru	12	Te Tai-o-Mahānui
13	Te Tai-o-Marokura	14	Rangitoto
15	Te Tai-o-Aorere	16	Raukawa Moana
17	Te Upoko-o-te-ika	18	Te Tai Hauāuru
19	Te Matau-a-Māui	20	Te Tai Rāwhiti
21	Te Moana-a-Toitehuatahi	22	Waiariki
23	Moutohorā	24	Whakaari
25	Tūhua	26	Te Tara-o-te-ika-a-Māui
27	Ahuahu	28	Aotea
29	Tīkapa Moana	30	Te Hiku-o-te-ika/Te Tai Tokerau
31	Pēwhairangi	32	Muriwhenua
33	Te Moana-nui-a-Kiwa	34	Te Tai-o-Rehua
35	Te Moana Tāpokopoko-a-Tāwhaki		

Te mahi 63

1	Kaua e tū ki konei!	2	Kaua e kaukau ki konei!
3	Kaua e kōrero ki konei!	4	Kaua e haere mā runga paihikara ki konei!
5	Kaua e haere mā raro ki konei!	6	Kaua e haere mā runga hōiho ki konei!
7	Kaua e whakatūria he tēneti ki konei!	8	Kaua e haria tō kurī ki konei!

Te wāhanga tuawhitu

Te mahi 64

A
1	Āe, kei a ia ana mōhiti.	2	Kāore ngā tīkiti i a ia.
3	Āe, kei a ia tana uruwhenua.	4	Āe, kei a ia tana karaka.
5	Āe, kei a ia aua mapi.	6	Āe, kei a ia ētahi taora.
7	Kāore tana pokotaringa i a ia.	8	Kāore tana kāmera i a ia.
9	Āe, kei a ia ētahi aikiha.	10	Kāore ana kākahu kaukau i a ia.

Te mahi 65

1	Nō te tau 1831 pea.	2	Nō te 5 o Hune i te tau 1866.
3	Nō te tau 1867.	4	Nō te 4 o Hūrae i te tau 1868.
5	Nō te 10 o Noema i te tau 1868.	6	Nō te 25 o Hepetema i te tau 1869.
7	Nō te 15 o Mei i te tau 1872.	8	Nō te 17 o Āperira i te tau 1893.

Te mahi 66

Nō te tau 1831 pea a Te Kooti i whānau ai ki te Pā-ō-Kahu i te takiwā o Tūranga-nui-a-Kiwa. He uri ia nō Rongowhakaata. I <u>kuraina</u> a Te Kooti ki te kura mīhana i te Whakatō, ā, ka iriirihia ia e ngā Mihinare. Ahakoa tana tono kia <u>tukuna</u> kia <u>whakawākia</u> ia e te kōti whakawā, nā runga i ana mahi kikino ka <u>haria</u> ia ki te whare herehere i Wharekauri i te tau 1866. I reira ka <u>tīmataria</u> te Hāhi Ringatū e Te Kooti.

Nō te 4 o Hūrae i te tau 1868 ka <u>tāhaetia</u> tētahi kaipuke e Te Kooti mā, ā, ka oma rātou ki Whareongaonga i Te Tai Rāwhiti. Kotahi anake te tangata i <u>patua</u> e Te Kooti mā i Wharekauri, engari, i <u>kōhurutia</u> ētahi tāngata i Matawhero i te marama o Noema i taua tau. Ka oma a Te Kooti mā ki roto o Tūhoe me Ngāti Tūwharetoa, ā, ka <u>whāia</u> rātou e ngā hōia a te Kāwanatanga. I <u>tautokona</u> ngā hōia Pākehā e ētahi iwi Māori. Kāore a Te Kooti i mau i a rātou i taua wā.

Tekau tau pea a Te Kooti e noho ana i Te Rohe Pōtae. I <u>tiakina</u> ia e Ngāti Maniapoto me Tāwhiao, te kīngi tuarua o Te Kīngitanga.

Ngā whakautu WH 13

I mate a Te Kooti i te 17 o Āperira i te tau 1893 ki Ōhiwa. I tanumia ia ki Maromahue i Waiōtahe, engari, ka hahua, ā, ka hunaia ki tētahi atu wāhi.

Te mahi 68

1 Kua pāngia te whaea o tana whaiāipo ki te mate, ā, mā rāua ko tana whaiāipo ia e hari ki te hōhipera. Nō reira, kāore e taea e Rangi te kai o te pō te mahi.
2 Ki te whakarite mā wai ngā mahi o te kāinga e mahi i te wā kei te hōhipera ia i te taha tana whaiāipo me tōna whaea.

Te wāhanga tuawaru

Te mahi 69

1 ki te	2 kia	3 ki te	4 kia	5 kia	6 ki te
7 kia	8 kia	9 kia	10 kia	11 kia	12 kia/ki te

Te mahi 70

Hei tauira noa ēnei:
- He taumaha ake/atu te pāhi i te kete.
- He tūpuhi atu/ake te taraiwa i te kāmura.
- He tawhito ake/atu te whare pakupaku i te whare rahi.
- He mākū atu/ake te kurī i ngā tamariki tāne.
- He māmā ake/atu te kete i te pāhi.
- He ngoikore atu/ake te taraiwa i te kāmura.
- He pakeke ake/atu te taraiwa i te tamaiti.
- He hou atu/ake te whare rahi i te whare pakupaku.
- He teitei ake/atu te rākau i ngā whare.
- He whānui atu/ake te roto i te awa.
- He hōhonu ake/atu te roto i te awa.
- He kaha atu/ake te kāmura i te taraiwa.

Te mahi 71

Hei tauira noa ēnei:
- Ko tēhea o ngā tāngata te mea tūpuhi, ko te taraiwa, ko te kāmura rānei?
- Ko tēhea te whare tawhito, ko te mea pakupaku, ko te mea rahi rānei?
- Ko ēhea ngā mea mākū, ko ngā tamariki tāne, ko ngā kurī rānei?
- Ko tēhea te mea hōhonu, ko te roto, ko te awa rānei?
- Ko tētahi te tangata kaha, ko te taraiwa, ko te kāmura rānei?

Te mahi 72

Hinewehi	waiata	kōpae	waiata	tamāhine	Hinewehi
tamāhine	waiata	reira	tāone	waiata	waiata
reira	Waikato	reira			

1 Compact disc (CD)
2 Musical instruments

Te mahi 73

1 Ko te ono o Pēpuere.
2 Āe, he ngāwari ake te pata i te kōhatu.
3 Ko Aoraki tō rātou maunga tapu.
4 Ko Hikurangi tō rātou maunga tapu.
5 Nō Rongowhakaata ia.

WH 14 Ngā whakautu

6 He kikorangi, he whero, he mā hoki.
7 Nō te 9 o Oketopa i te tau 1769.
8 I kuraina ia ki te kura mīhana i Te Whakatō.
9 Ko Moutohorā, ko Whakaari me Tūhua.
10 Ko te Rāhoroi me te Rātapu.
11 Kāo. He tokomaha ake te iwi Pākehā i te iwi Māori.
12 Āe, he roa ake te awa o Waikato i te awa o Rangitīkei.

Te mahi 75

1 Nō Ngāti Kahungunu ia.
2 Ko Ōtautahi te tāone nui o Te Wai Pounamu.
3 Nā Te Kooti taua hāhi i tīmata.
4 Nō te tau 1858 ia i whakatūria ai hei kīngi mō Te Kīngitanga.
5 Ko te hōiho te kararehe tere.
6 Tokorima rātou.
7 Kāore anō kia oti i a au.
8 Kei Te Wai Pounamu taua tāone.

Te mahi 76

| kāmura | hōia | pirihimana | rōia | nēhi | heramana |
| kaihoko | akonga | kaiako | hekeretari | āpiha | |

Te wāhanga tuaiwa

Te mahi 77

U 1 Ko te matenga o te kuia o Tiraroa.
     I whakahokia a Tiraroa ki ōna mātua.
     Ko tōna haere ki kura.
     Ko ngā mahi me ngā kai o tōna kāinga i te wā e tamariki ana ia.
   2 I mate ia.
   3 Nā tōna kuia ia i whāngai.
   4 He wharenui a Te Rangihouhiri.
   5 I Matakana, i te wāhi e tū ana a Te Rangihouhiri ināianei.
   6 I whakahokia ia ki ōna mātua.
   7 Nā Enoka ia i whakahoki.
   8 Nā te māhita o te kura i tono kia haere a Tiraroa ki te kura.
   9 Kāo, kāore ia i whakaaetia e tana kuia ki te haere ki te kura, he tawhiti nō te kura.
  10 Tekau mā rua pea ōna tau ka tīmata ia ki te haere ki te kura.
  11 Kāo. He tawhiti te haere ki te kura.
  12 He miraka kau, he ngaki kai ā rātou mahi i te wā e tamariki ana ia.
  13 Āe, he nui ngā kai i te wā e tamariki ana ia mehemea he pukumahi te tangata.
  14 kūpapa   ka takoto
     awatea   ko te wā o te rangi e whiti ana te rā, arā, te ata me te ahiahi
     whaitua   te wāhi, te takiwā, te rohe
     whakamoemiti   ki te inoi, ki te whakanui i te Atua, ki te karakia
     Hāhi   he momo rōpū Karaitiana
     i te mea   nō te mea
     tawhiti   kāore e tata ana
     tāpu   kāore e whakaaetia (He kupu nō te kupu Pākehā 'stop'.)
     repo   he wai e tipuria ana e te wīwī, e te raupō me te harakeke
     rūmaki   ki te ngaki kai
     tīni   ki te whakawhiti (He kupu nō te kupu Pākehā 'change'.)

Ngā whakautu

Te mahi 79

Hei tauira noa ēnei:
- Kāore he kōwhai, kāore he rākau māori e tipu ana i te taha wai o te whakaahua.
- Kāore he taraka ō te whakaahua.
- Kāore e taea ngā manu te kite, kāore he karoro i te rangi, kāore he kererū i ngā rākau e kai ana.
- He pōtae tō te matua o te whānau i roto i te whakaahua.
- Kāore he hamarara nui ō te whakaahua. E noho kē ana te wahine i te tēneti.
- Kāore he kuia ō te whakaahua.
- Kāore he hipi ō te whakaahua, he kau kē.
- He taora ō te whakaahua, engari, i roto i ngā kōrero e kī ana i wareware i a rātou ō rātou taora.

Te mahi 80

1. Kāo! Kāore ō rātou kīngi.
2. Ehara/Engari! He kīngi anō tō rātou.
3. Ehara/Engari! He taro anō ā rātou.
4. Kāo! Kāore taua reo e mate.
5. Ehara/Engari! He tamariki anō ā rātou.
6. Ehara/Engari! He maunga tapu anō tō rātou. Ko Taupiri tō rātou maunga tapu.
7. Kāo! Kua ngaro te huia.
8. Kāo! Nā Kāpene Kuki mā i hari mai ki Aotearoa.
9. Ehara/Engari! I hainatia anō Te Tiriti o Waitangi e rātou.
10. Ehara/Engari! He tāmure te ingoa Māori mō taua ika.

Te wāhanga tekau

Te mahi 81

A Kei Ngāruawāhia a Tūrangawaewae. Ko te marae rahi o Te Kīngitanga taua wāhi. Ka tū ngā hui nunui a Te Kīngitanga ki reira, pērā i te Koroneihana. He maha ngā mahi kia mahia mō ngā hui ki reira, arā, he whakatikatika i ngā whare, he whakareri moenga mō ngā manuhiri, he tunu kai, he whakareri i ngā tēpu mō ngā kai ētahi o ngā mahi.

I 1. Nā te kuia tonu, nā Piriwhāriki Tahapeehi.
    2. I te marae o Tūrangawaewae.

O 3. Ko Paraire Herewini rāua ko Kirimaaku Wharekura ōna mātua.
    4. I kuraina ia ki te kura Māori o Rākaumanga me te Kura o Kuīni Wikitōria mō ngā Kōtiro Māori i Ākarana.
    5. He whakareri i te marae mō ngā manuhiri, he mahi i ngā moenga me te tunu i ngā kai ētahi o āna mahi. He mahi tukutuku me te mahi whāriki ētahi atu o āna mahi i reira.
    6. Kotahi tonu.

U
i tua atu i tēnā	apart from that	pēne paraihe	brass band
meinga	was made/was sent	Kāti	Well/Well then
mahi tukutuku	making latticework panels	poukai	King Movement gatherings
huri haere	held around/held in turn	whiwhinga	having/acquiring/had

Te mahi 82

Kāore ngā tāne i te mau pōtae, i te mau whakakai rānei.

Te mahi 83

2 Ko tēnei te whare i hangaia ai/rā e Piri Poutapu.
3 Ko Tīmoti Kāretu tērā tangata e tū mai rā i te taha o te pou haki.
4 Arā te waka rererangi e rere atu ai ki Ingarangi āpōpō.
5 Koia nā tō rorohiko i hokona ai e Te Whare Wānanga.
6 Ko tēnei te ngahere i huna ai ngā taitamariki.
7 Ko Ngāi Tahu te iwi e manaaki mai ai i a mātou ā tērā tau.
8 Kua kitea te paihikara i tāhaetia ai e te tangata weriweri.
9 Koia nei te rā e whakanuia nei a Te Wharehuia e mātou.
10 He tawhito te pū i pūhia ai te tia.
11 Ko Waipapa te marae e tū nei (nā/rā) tā mātou hui i tēnei wā.
12 Kua whakaritea te rā e whakatuwheratia ai tō ratou wharenui.

Te mahi 84

8	mōhiotia	whawhaitia	patua	tukuna	patua	taea
	patua	patua	hunaia	patua	haria	patua
	tonoa	hainatia	hereherea	haria	whakaaetia	tanumia
	hahua	haria				

9	tamariki	tika	whānau	whānau	tata	mate
	riro	riro	mahue	riro	hinga	mate
	mau	hinga	hinga	tata	mau	mate
	ora	mau	mate			